你越分享，
就越强大

牛文◎著

浙江人民出版社

图书在版编目（CIP）数据

你越分享，就越强大 / 牛文著. — 杭州：浙江人
民出版社，2023.10
ISBN 978-7-213-11164-8

Ⅰ. ①你… Ⅱ. ①牛… Ⅲ. ①心理交往－通俗读物
Ⅳ. ①C912.11-49

中国国家版本馆CIP数据核字（2023）第146026号

你越分享，就越强大
NI YUE FENXIANG, JIU YUE QIANGDA

牛 文 著

出版发行：浙江人民出版社（杭州市体育场路 347 号　邮编：310006）
　　　　　市场部电话：（0571）85061682　85176516
责任编辑：方　程
特约编辑：陈世明
营销编辑：陈雯怡　张紫懿　陈芊如
责任校对：姚建国
责任印务：幸天骄
封面设计：异一设计
电脑制版：北京之江文化传媒有限公司
印　　刷：杭州丰源印刷有限公司
开　　本：880 毫米 ×1230 毫米　1/32　　印　　张：9
字　　数：126 千字　　　　　　　　　　插　　页：5
版　　次：2023 年 10 月第 1 版　　　　印　　次：2023 年 10 月第 1 次印刷
书　　号：ISBN 978-7-213-11164-8
定　　价：58.00 元

我和万博宣伟中国区前总裁李蕾（Lydia Lee）

我和"厂二代"陈颖霞（Jennifer）

2

3

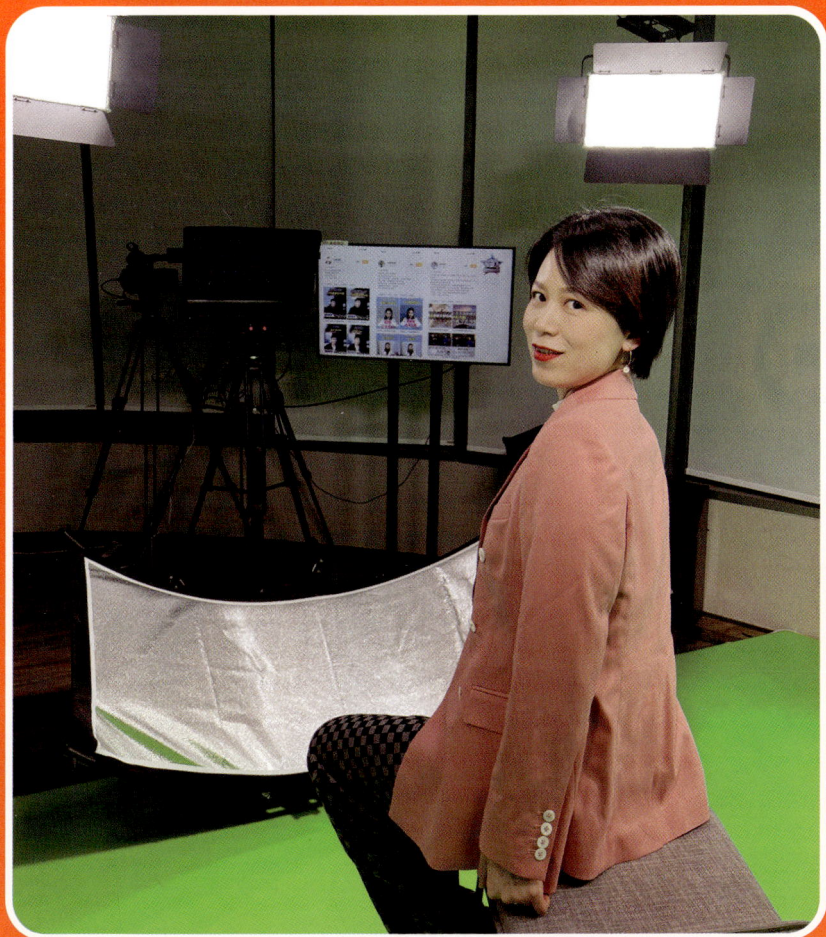

在同方全球人寿的演播厅。
与这家公司合作的起因是其负责人看到了我的抖音账号

我 与 合 伙 人 管 愉（左）及 客 户 陈 野 槐（Grace Chen）设 计 师（中）

4

我和闺蜜丁桥等人

我在广告拍摄中。这个广告拍摄来源于朋友圈里的一位朋友介绍

6

目 录

第一章

扔掉 90% 的社交，先从认识自己开始

第四章

人来人往，那些别人不说的社交秘密

第五章

好关系是人生进阶加速器

第六章

打造自己的好运体质，让人脉涌向你

第七章

社交进阶，理想的人际关系

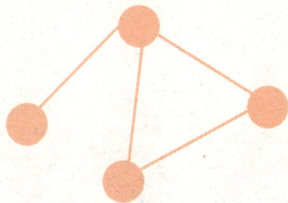

初识牛文，是几年前的一次活动，当时我看着她非常熟练地甄选出人群中有可能开启商务合作的对象，然后把一场场普通社交谈话变成了商务会晤。我当时的第一感觉是：这么"猛"又这么"要"的女人，我还是离得远一点比较好，哈哈。

不久前，在睿问职业女性学习成长平台年度盛典上，我听了她的一段演讲，她讲了三位给她人生和创业带来很大影响的贵人。我发现，她对于哪怕自己并不太了解的领域里的强者也有着能产生认知和共鸣的天分，她对于内在丰盈而强大的人有着敏锐的嗅觉，然后真心实意地去寻求连接与合作，最后对无论怎样的结果都怀感恩之心。其实，人与人并不全然有机会去相互观察到对方的内心，然而对内心的认识可以改变认知。我曾经认为她的那种"要"，其实是她对目的的关注和坚持；她的那种"猛"，其实是她的行为和语言的直接、不造作、不虚饰、不矫情。于是，我们才有了现在的合作。我觉得这一次的重新认识，无论对于她还是对于我，都是幸运的。

在牛文的这本新书中，有些地方真的让我眼前一亮。乍一看，觉得怎么能这么说呢？然后细想想，又发现竟有几分道理。例如，她提到了"能够和平分手的朋友才是可以交往的朋友"，听起来这都未曾结识，就已经考虑分手的事，是不是有些奇怪？但是，这其中有着对人性深刻的洞察。因为每个人的人生都在一直变化，有些时候因为轨迹的交错，或者因为各自认知的改变，友谊会变淡，甚至会消失。而能够和平分手的人，意味着他们内心有足够的自信和安全感，以及不依附、不依赖的心态，各自都有对风险的把控。这样的交往难道不是最自然和最可靠的吗？

　　书中还有些地方，我相信会对读者非常有用，例如，他提到的 TEND 模型。T 是 Task，就是你的任务；E 是 Example，就是例据，你为这个任务所做的准备；N 是 Notice，就是你要特别注意的事项；D 是 Deadline，就是你为这个目标设定的时间。如同书中所描述的一个商业案例，如果我们每个人尤其是沟通经验不够丰富的年轻人都能掌握这个模型，讲清楚这四件事，对于商务沟通能力的提升绝对有显而易见的提升。

　　我和牛文在某些方面的见解也会略有不同。例如，为了达成某个目的，她会隐藏个性，试着去接纳自己不喜欢的群体。这一点对很多年轻人来说较为普遍，因为对他们来说更重要的是拿到结果。而我随着年龄的上升，会更在意交往过程的感受，要是三观和认知上有差异，我更倾向于远离自己不喜欢的人。

　　当然，对于牛文我也非常理解，她还年轻，充满活力，在她的生命中还存在无限的可能性。所以，我相信这本书非常适合年轻向上、迷茫而有些社恐的你，让你在复杂的人群和纷繁的世界中找到属于自己的自信和愿意为之奋斗一生的事业。

刘捷

上海喜马拉雅科技有限公司前董事

上海财经大学、华东师范大学 MBA 客座导师

上海金融学院客座教授

序　言

　　亲爱的读者，你好！没想到我能出第二本书。我的第一本书《你越迷茫，越要去闯》写于 2017 年，那一年年初，我刚刚经历创业失败，人生迷茫，在人生转折点找不到方向。后来，我联系了全球各地各行各业近 100 位女性，写下了很多采访文章，出版了《你越迷茫，越要去闯》。书中记录了不同的女性与她们所经历的人生，我在这些故事里看到了更大的世界，开启了自己探索世界、找寻人生方向的过程。

　　2018 年，我开设了线上付费专栏。2019 年 12 月，我再次创业，创办野新派，这是一个致力于帮助女性更好地活出自我的女性品牌。2020 年，我在线上帮助 1000 多名女性建立个人品牌。伴随着公司扩张，延展出新的业务，又专注帮助职场高管和企业家建立线上的个人品牌。

我在这短短五年中，上上下下几经周折，从一个外地来上海的社恐女孩变成自信的女人，也从一个迷茫无知的状态蜕变成一个知道自己是谁、有自己事业且对未来充满笃定感的创业者。来到 2023 年，我突然有了新的勇气和读者们分享自己这几年的故事。

普通人的成长，靠跌跌撞撞的摸索。

我经常和闺蜜们说，为什么我们听了那么多的道理却过不好一生？因为道理教人教不会，事教人一次就会。作为一个普通人，我在人生至关重要的 28～33 岁五年里，经历了太多的人和事，它们让我成长为更好的自己。

这是一本帮助大家全方位自我成长的书。我想通过这本书告诉大家：你越分享，就越强大；活出理想的人生，有迹可循。

首先要提高自我价值。人活在世界上，最重要的就是明确自己的价值。每个人都有自己的价值，可以是工作出色，可以是烧得一手好菜，还可以是会带孩子，找到价值、放大价值很重要。

其次要学会经营自己。我们要提高自己的影响力，让自己的价值被更多人看见。我们只有站在舞台中央，才会有更多的机会与资源。

最后广结善缘。在人生路上，我们可以从身边的人身上去学习，低谷时努力强大自己，高峰时广结善缘。当然，我也鼓励大家向上社交，和更优秀的人打交道，不断往上走，突破现有的社交圈，用外界的力量打破内在的惯性。

当我们不仅能明确价值、持续经营自己，又能够向上社交、广结善缘时，便可以找到一条属于自己的成长之路。

这本书适合谁？

第一，和我当年一样迷茫的人。人之所以迷茫，大概率是因为看得太少、想得太多。我在迷茫时候的解题思路，就是碰撞这个世界，想办法看到和了解足够多的人和行业，打开视界，找到适合自己的方向，拥有自己的世界。所以，本书和大家分享了如何主动出击认识新朋友的实用方法论。

第二，想要突破现状的人。一个人要想突破自己，光靠自己太难，有时候要借助外部的力量。别人之所以拉我们一把，靠的不是我们撒娇卖萌，而是我们懂得价值互换。在成年人的世界里，把自己懂的、会的，用合适的方法分享给他人，从而站到更高的地方，突破现在的自己。

第三，想要获取更多资源和机会的人。人生路上需要有向上社交的能力，遇到贵人自然比一个人孤单前行要顺畅很多。在这本书中，我也分享了一些自己遇到贵人的故事，期待给大家带来一些新的启发。

这本书 80% 的内容是我在新冠疫情期间写的。如今，我重新阅读书稿，结合当下的心境与经历做了补充。如果你觉得这本书能给你带来新的启发，你可以在抖音、小红书、微博和微信公众号上找到我，与我分享。

感谢生命中出现的每一位朋友，当然也感谢我自己。

第一章

扔掉 90% 的社交，
先从认识自己开始

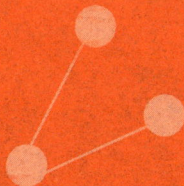

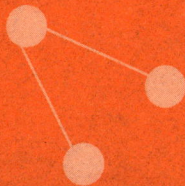

无论内向外向，
打破社交障碍从这里开始

社交不是带着功利心的相识，而是基于自我成长的各种偶遇。

——牛文

近几年，网络上流行一个词语，叫作"社交恐惧症"。很多年轻人说，不喜欢社交，更不想认识新朋友。其实，所谓社交并不是我们去参加不喜欢的聚会，也不是我们强行进入某个圈子，而是我们用自己喜欢的方式与他人打交道，彼此滋养或者达成某种合作。

我想先跟大家聊聊，这些年我身边来来往往的人、形形色色的社交带给我的是什么？

一是对自己的深度认识。

我们常说"物以类聚，人以群分"，我们在一次次跟不同人打交道的过程中了解了自己的价值观。比如，我们喜欢安稳的工作，所以选择了朝九晚五的生活；我们喜欢奋斗和创业，所以选择了闯荡天涯。

我们在每一次选择与他人同行的那一刻，不管是合作伙伴还是生活伴侣，都反馈了我们为人处世的标准。

二是对世界的想象力。

回过头看，想象力是人生成长路上的宝藏，是想象力打开了我们原有的思维和认知，让我们敢于去做跟原本认知不一样的事情。

不管是我在第一本书《你越迷茫，越要去闯》中认识并且采访的女性，还是此后认识的新朋友，他们都让我看到了人生五光十色的风景线。比如，从白手起家到登上世界舞台的中国女孩，50岁遇到真爱并嫁人的女企业家，以及从房产中介到公司市值10亿元的企业家。在成年人的世界里，可贵的就是这些不同人生带给我们的想象力，这些打破自己原本认知的人和事，不断重塑我们对世界的认识。

作为一个普通女孩，我原本对自我成长路径的认识仅仅停留大学毕业、找一份工作、结婚生子这些传统的世界里，却因为这些朋友开启了对新世界的探索，从而让我的成长有了无限可能。

这些无数的可能性让我在行走的路上更愿意尝试，也更愿意拥抱不确定性。

成年人对世界的想象力是奋斗枯燥日子里的甜味剂。这些人不断告诉我们，继续往前，说不定就有奇迹。

三是格局。

我们这一生要遇到无数人。有的人喜欢你，成为你生活里的朋友，与你把酒言欢；有的人讨厌你，给你"穿小鞋"，甚至诽谤你。

遇到的人越多，我们越明白这一生要寻找的是同行者。世界那么大，鉴于家庭、环境等诸多元素，我们永远不可能让所有人都赞同和喜欢自己。

因此，我们在成长前行中学会了包容不同的意见，争取跟自己观点一样的同盟。所谓格局，就是在行走的路上，包容一切，与同频者相拥前进。

四是有了更多的合作和贵人。

从打破自我的认知到跨行业结交不同的朋友，我不断拓展自己的事业边界。

从做自媒体人到创立品牌，新朋友之间又有了很多新的合作，彼此碰撞出跨界的观点，产生合作。

当然，我也遇到了不少人生贵人，他们带我看到了新的天地。如果不是这些人和事，我不会成为今天的我。

好的社交是助力普通人成长的秘密武器。

什么是普通人？我对普通人的定义是，在人生奋斗阶段，无法借助成熟的社会资源，需要凭借一己之力去赚钱和实现自我价值。这只关乎个人，不关乎原生家庭、教育环境等其他因素。

比如，你出生在四线城市的富裕家庭，或者你是村子里的首富，但是你毕业后在大城市奋斗，父母的人脉资源通通用不到，这也属于普通人。

再比如，你是二线城市的普通孩子，父母是工薪阶层，吃穿不愁，但是在当地没有人脉资源，你要靠自己找工作、做人生规划，这也属于普通人。

从这个角度来说，我出生在合肥，父母皆为普通公司职员，我来上海奋斗，我也属于普通人。

作为一个普通女孩，我在18岁来上海念书，一路懵懵懂懂走到今天，从出书到开公司，入选2019年福布斯中国30位30岁以下精英榜，我的成长得益于我见过的人、认识的朋友以及曾经与我同行的人。

人与人的碰撞价值无限，我们要做的是敞开自己的内心，拥抱这个世界的人和事。在我看来，社交分为外部因素和内部因素，外部因素有时间、场地、他人对我们的喜爱程度以及社会对我们的评价指数等，内部因素包括性格、心情以及我们对别人的喜爱程度等。

外部因素是不可控的，但内部因素是我们能够掌控的，尤其是像内向和外向这样的性格特征，更不应该成为我们社交的障碍。

阻碍我们社交的本质是，我们对社交的理解过于狭隘。

咨询顾问苏珊·凯恩写过一本书，即《内向性格的竞争力》。她在这本书里指出，几乎每个人都坚信最理想的自我状态是善于交际、健谈的，即使是在聚光灯下也应该谈笑自如。我们所理解的社交，大多停留在觥筹交错的社交场合以及健谈的社交达人这类印象中。然而，在我看来，好的社交表现形式有很多种，可以是一对一的交流，也可以是小范围思维的碰撞，还可以是一堆人的聚会交流。

与此同时，每个人在社交里也担当着不同的角色。有些人喜欢高谈阔论，有些人喜欢倾听，有些人调节情绪，有些人观察一切。每个人都应该在适合自己的社交场合中，担当适合自己的角色，最终让我们行为自洽、内心舒适。

社交不是带着功利心的相识，而是基于自我成长的各种偶遇。我们不要太纠结自己的性格和身份，只要愿意，我们就可以跟自己喜欢的人相逢在人生旅途中。

高质量社交开启指南

> 高质量的核心，永远是自己，而不
> 是别人。
>
> ——牛文

提到社交，你脑海中想到的场景是什么？不管你想到的
是什么，我想到的场景可一点都不美妙。

我相信你跟我一样，刚进入社会的时候会对社交充满恐
惧。比如，让人不知所措的公开场合，以及不得不去的应
酬，只要是出去见人，我都会手足无措。不知道去不去，以
及去了不知道该干吗，是现代人社交的心头两大困惑。

为了事业而社交是挣扎的。我在大学毕业之后就开始创
业，为了让公司更好地发展，我不得不主动出击参加各种各

样的活动。在这些活动中，初出茅庐的我拿着自己的名片，小心翼翼地递给有可能跟我合作的人。因为我的名片上没有光鲜亮丽的背景和名头，很多时候对方转身就把我的名片扔进了垃圾桶。

为了朋友而社交是没劲的。毕业以后，同学们走上各自的道路，有的人再见面时会觉得没话聊；而我又早早地脱离职场本身，与同学再见面更是觉得没什么话聊，强行去了几次聚会便不再前往。

然而，社交又在我们事业发展中起着关键性作用。我回过头看自己的事业发展，发现很多的合作和机会是通过人和人互动产生的。如果一个人待在家里从不出去社交，这将是多么巨大的个人发展损失。

人人都想拥有高质量社交，那么到底如何判断和选择呢？我先分享《哈佛商业评论》对高质量社交的定义。一个理想的圈子就像一个导师一样，能提供两种截然不同的支持：首先是工具性支持，他们会为了帮助你达到目标而提供相关的理念、建议和协助；其次是社会心理支持，他们会为了帮助你实现个人成长而提供支持。

高质量社交会给你提供两种类型的支持，用我的理解来说，就是高质量社交会带给你精神和物质上的提高。

工具性支持指的是提供给你跟物质相关的帮助，比如你想要跳槽去一家大型公司，朋友帮助你内部推荐了一下。社会心理支持指的是在精神上带给你力量，比如你失恋了，闺蜜来陪你聊天，你的情绪得到了舒缓。

在我们创办的野新派社群里，我就一直在倡导学员之间的高质量社交，彼此合作或者一起抱团成长，从而释放自己的能量。我会观察每一位学员所处的阶段和所需要的资源，然后撺掇大家互相认识。我也会借助外部力量邀请行业的大咖来给学员们上课。2022年，我就曾邀请万博宣伟前中国区总裁李蕾老师来给野新派的学员分享国际公关公司的品牌策略，让大家通过社交获得知识与成长。

除此之外，高质量社交还关乎一件事，那就是内心的舒适度。

我这里说的舒适度是有边界的，并不是像小孩子那样，喜欢社交就去社交，不喜欢社交就不去社交，更不是在所有社交的一开始就以舒适度为判断标准，来决定要不要拥抱新的社交。

舒适度建立在三条准则之上。

第一，不戴有色眼镜看别人，不轻易给任何一个人下判断。

我们大多数人是戴着社交有色眼镜的，这个有色眼镜其实是信息差导致的判断失误。

举个例子，我的第一份工作是在初创互联网公司。这类公司天生追求效率，如果方向不好就直接换，决策速度特别快。同时，员工的沟通方式就是"扔"专业名词，比如PV（页面浏览量）、UV（独立访客）。这样的沟通，时间久了，就会导致员工陷入沟通的单一视角中，以为自己的沟通方式就是全世界的沟通方式。后来，我跨界认识了别的朋友，对别的朋友完全不了解我们的行业术语感到大为震惊。

当我们讲着自己熟悉的语言，而别人一脸蒙的时候，我们难免会戴上有色眼镜而不与别人交流。所以，社交最重要的就是扔掉这样的有色眼镜，别人不懂不代表他能力不行。

在真正了解一个人之前，我们不要带着预设去了解，也不要拿自己的认知体系去判断对方。好的社交建立在我们的空杯心态上。

第二，不以好坏判断社交价值。

价值的定义是多种多样的。比如你不开心，然后闺蜜与你一起喝下午茶或者兄弟请你喝顿酒，这样的社交带来的是情绪价值。再如你出去见客户，这样的社交带来的是利益价值。

价值的标准有很多种，所以我们不能用单纯的好或者坏来判断社交价值。真正的判断标准，取决于自己的内心和状态：想不想去？去了对自己的帮助有多大？是情绪上的满足还是事业上的提升？

我所持有的理念是，任何一个社交场合也许都能带给我们意外惊喜，只要我们不排斥，愿意开放自己的心态去拥抱。社交的好坏不取决于社交的性质，而是取决于我们的目标。

第三，有能力辨别社交场合对自己的价值。

刚才我们聊了社交的价值，所以接下来我们要学会辨别社交对自己的价值。因为每个人的价值是不一样的，所以我们需要清楚自己的价值，也需要了解社交带给自己的价值。

我们的品牌野新派在 2020 年 5 月举办了第一场学员会，这是一场小范围的社交活动。

对我来说，我的价值是提供一个把大家聚集在一起的平台，同时分享我的商业思考，目的是让大家从线上走到线下，加深彼此的情感，让品牌可以更加有温度。

对学员来说，他们的价值是各自领域的专业优势以及人格魅力，他们一方面能够见到线上热烈交流的老师和同学，另一方面能够认识潜在合作伙伴，甚至找到更多的客户。

如果我们能够确定自己的价值，也能够清楚地知道社交场合带给自己的价值，我们就会坦然赴约。

当然，高质量的社交一定是相互的。想要高质量的社交，我们不妨从让自己成为高水平的人开始。高手跟高手过招，才会有趣、有料。当自身能力还有限的时候，我们无须参加超越自己能力之外的活动，更没有必要为了认识大咖而像赶场子一样参加活动。但是，我们可以通过其他方式，不断提升自己的能力，然后参加适合自己的社交活动。

高质量的核心，永远是自己，不是别人。

希望我们一起开启探索高质量社交的指南，用自己舒服的方式，交喜欢的朋友，进合适的圈子，遇更好的贵人。

坦然拒绝你不想去的社交

明确目标，提升实力，坦然说不。

——牛文

到了今天我才明白：社交跟自我成长是息息相关的，一切的社交其实都关乎自我认知。一个自我认知清晰的人不会在社交中迷失自我和浪费时间。

我把我的社交成长之路分为三个阶段。

第一个阶段是探索阶段。

初入职场的时候，我对这个世界充满好奇，时常被各种各样的活动吸引。从大大小小的峰会，到琳琅满目的展会、下午茶，天性喜欢热闹的我参加了很多活动。

在这些活动中，作为一个在上海的外地女孩，我彻彻底底被激发了，见到了没有见过的人，听到了没有听过的事。这些人和事最大限度地打开了我的想象力，让我发现人生成长路径的多样化。

在这个探索阶段，我很担心会因为少去一场活动或者拒绝他人的邀请而错过机会，所以，我总是有求必应，什么活动都去，不知道如何选择，也不知道如何拒绝，总是让自己身心俱疲。我虽然认识的人越来越多，却觉得收获没有那么多。

第二个阶段是迷失阶段。

在我结交各行各业朋友的同时，我的职业生涯也在大幅度的跳跃中进行着。

22岁做生意，开始接触社会上形形色色的人。

24岁去美国，联系各行各业的精英做采访。

26岁回国创业，创办了自己的内衣品牌。

27岁做自媒体，在网上撰写大量文章。

28岁又尝试做投资，投资了一些项目。

回忆过去，在人生 24～28 岁的阶段，我因为独特的创业经历，跨行业认识了不同圈子里各式各样的牛人。

这些牛人或许有很强的影响力，或许有着极高的社会地位，再或许从 0 到 1 创造过自己的财富，我在这些名和利面前犯过一个错误：误以为认识牛人就等于自己是一个牛人。

在人生 24～26 岁的阶段，我短暂迷失过自己，看着那些光环满身的人，再对比当时的自己，心里产生了落差。

我开始思考，我真的有必要参加那么多社交活动吗？我真的有必要认识这么多人吗？

第三个阶段是明确阶段。

我人生真正的豁然开朗从 29 岁开始。我不再眼高手低，不再望着他人的光环而心生艳羡，开始扎根"向内求"和"向内看"。

我不断思考自己的优势和特点到底是什么，深刻剖析自己，然后一一去做尝试。说到底，我们对自己的了解越清晰，对当下的目标越明了，就越知道在生活里到底如何做决定。

　　我创办了自己的教育品牌"野新派"，明确了自己现阶段的目标。这个时候，所有的社交活动对我来说，从困惑变成了一道明确的选择题。

　　职场中，我需要了解行业知识，所以我选择行业峰会；我需要提升自己，所以我会去拜访行业里的高手；我需要找到更多高能量的客户，为他们打造创始人 IP，所以我会主动担当大型峰会的演讲嘉宾。生活里，为了缓解压力，我会跟闺蜜喝茶，还会看展。

　　因为有了目标，我明确了自己的社交目标，比如该跟谁打交道以及该花精力在什么事情上，清清楚楚，不再纠结。

　　我发现，社交是基于实力和目标的"取"和"舍"。实力可以让我们对他人有说"不"的权利，目标可以让我们明确自己去任何一场社交活动的目的。基于实力和目标，我们才能知道如何"取"和"舍"。我们可以去自己想去和该去的社交活动，也可以坦然拒绝自己不想去的场合。

　　接下来，我们聊聊如何对不想去的社交坦然说"不"。

　　第一，根据目标设置自己的社交优先级。

我的事业心很重，在大多数情况下，跟事业相关的社交活动优先级都是排在首位的。比如一场与朋友的约会和跟潜在客户见面，我通常会选择后者。对我而言，如果一场社交活动能为我带来潜在的合作，或者一场会议能够推进项目进展，那么这一定是我在社交活动中最重要的事情。

但是，有些特殊情况除外，比如我的闺蜜因为失恋而心情不好，或者我的家人因为生病而需要我陪伴，我会第一时间赶到他们身边，陪伴他们。

其实，社交的含义是广泛的。我理解的社交是人与人之间的连接，包含友情、爱情、亲情和合作伙伴等等。我在心里进行排序，根据不同情况设置社交优先级，这样的方式能够帮助我在多个社交活动同时进行的时候做选择。

第二，建立自己的价值体系和社交标准。

简单来说，价值体系就是价值观。我的价值体系只有一条，那就是积极向上。

在我的社交活动里，我非常愿意跟所有积极向上的人打交道。我们的品牌野新派也聚集了这样一群积极向上、对生活不断探索的创业者。野新派这个名字也来源于我的个人价值观——"有野心才过得好"。我把"心"换成了"新"，寓意着来到这里，用行动力成就新的自己。

从 2019 年的线下发布会到 2020 年的线下大课，再到未来可能举办的各种各样的活动，我的目标就是让奋斗者聚在一起，让同频者进行交流。

奋斗本就是孤单的。对于女性来说，奋斗的路程更加让旁人难以理解。带着这个初心，我想让女性在这里不仅可以聊家长里短，还可以聊事业和广阔天地。这也是我的社交标准，我们不拘泥于爱情与婚姻，而是把目光放到自我本身。

带着这样的价值体系和社交标准，我聚集了越来越多积极向上的女性，让大家彼此激励和鼓舞。这是一件非常有价值的事情。

那么，你呢？你的价值体系和社交标准又是什么？如果你能够想明白这个问题，我相信你的社交选择也就有了答案。

第三，明确拒绝后可能产生的结果。

对我来说，任何一场社交活动或多或少都是有价值的。

我们也许会认识新朋友，也许会与他人产生合作，也许知道了不适合自己的场合或伙伴。

但是，我们一旦拒绝社交，就等于拒绝了一个潜在的可能性。前段时间，我经朋友介绍认识了一位做投资的女孩，对方想要做一档节目，着急找合伙人，而我那段时间忙于自己的品牌，完全抽不开身，只能委婉拒绝（见表 1-1）。

表 1-1 如何优雅地拒绝一场社交活动

社交优先级	高	低
价值体系	写下你的价值观	
社交标准	写下你喜欢与什么人在一起	
是否拒绝	拒绝的结果	收获
结论：		

拒绝这样的机会，当然是心痛的。但是，既然我作出了这样的选择，就代表着我知道拒绝后自己丢失的机会。

第四，真诚拒绝。

我知道很多人一提到拒绝就会感到非常不好意思，我也有过这样的阶段，直到我发现，真诚拒绝是拒绝的法宝。

　　如果你真的不想参加一场聚会，那么你不妨跟邀请者或者主办方坦诚交流，告诉对方你拒绝的原因，务必不要为了拒绝而撒谎。学会说"不"是尊重彼此的表现。

　　越了解自己，目标就越清晰，我们也就越明确自己到底需要什么样的社交活动。而伴随着实力的提升，我们也一定能体会到说"不"的好处。

　　愿你可以带着强大的实力，明确自己的社交目标，进入自己喜欢的圈子，舒适地与喜欢的一切打交道，也顺势开启人生的更多可能。

不以认识谁为荣，谈谈社交资源

自身有价值，才能有资源。

——牛文

很多人认为，社交资源就是你认识的无数厉害的人。其实，在现代社会中，真心想要认识一个人是不难的，甚至网上还有"找人课"，就是专门教大家用各式各样的方法找到全世界任何一个你想认识的人。按照"六度理论"的说法，你想认识全球任何一个顶级富豪，都可以通过六个人去认识。但是当你认识的人无法跟你产生交集时，对方无论有多厉害，都无法成为你的社交资源。

真正的社交资源是那些跟你产生深度联结的人，这个联结就是你们直接或间接的合作，而这些合作并不局限于生意上的合作。比如，两个人对某些观点产生的激烈碰撞，给自己带来了启发。再如，你推荐给对方一门好课或一件好物，让对方感觉有收获。彼此的联结没有停留在"认识"表面，这才称得上社交资源。社交资源带来的是人和人之间无限的可能性。

社交资源的误区

既然社交资源是指人和人之间产生的深度联结和未来的可能性，那我们要不要到处去认识人呢？

我的答案是不要。

当人和人之间能量不匹配的时候，双方即使认识了也不会产生价值。比如，刚进入社会的时候，很多人热衷于参加各种各样高大上的活动，可以见到那些电视上、媒体上才能见到的大人物。这些大人物仿佛拥有成功的秘籍，谁能接近，谁就能拿到这本秘籍。于是，当这些成功人士从舞台阶梯走下来的时候，总是有人蜂拥向前，着急地递交名片、咨询问题。

细想一下，如果这些成功人士仅仅与你交换过名片，或在公众场合与你拍过照片，这些人与你的联系也就到此为止了。

你需要思考的是，你与对方认识之后有什么能够跟对方聊的？找到合适的切入点跟对方聊天，是产生联结的重要前提。

匹配价值，给自己贴标签

2019 年下半年，我荣获了福布斯中国 30 位 30 岁以下精英的奖项，被主办方邀请去江苏参加一场颁奖活动。在这场活动上，我见到了正在台上发言的孙思达。当时，他正在分享自己的创业项目，他自主研发了不少健康零食，并且做得有声有色，非常不错。

我很爱吃，平时也非常关注跟健康相关的美食。带着对这个项目的好奇，我在活动上主动认识了这位创业者。在交流过程中，我了解到孙老板有很强的食品研发能力，并且认识不少食品工厂，来年还会上市新品，需要更多的合作推广。根据对他的了解，我传递了我的两个标签：有推广能力和热爱美食。

同时，我还向他抛出了一个小小的请求："我特别好奇食品的生产过程，下次您去工厂的话，可否让我一同前去。"

对方一口答应下来，于是我又补充道："那您不如把我的这个需求标记在您通讯录上吧，将我的名字改为'牛文想去工厂参观'。"

就这样，我们互相交换了联系方式。在他的通讯录里，我叫"牛文想去工厂参观"。

后来的事情，我相信你们也能猜到，孙老板每次打开通讯录都能被动地想起我提出的小小请求。2020 年，他的公司上市新品，给我邮寄了试吃样品。我们成功达成了一单合作，我也如愿以偿去了他的工厂参观。2022 年，孙思达的创业品牌食验室成为国内流行的新消费品品牌，而他本人更是成为我们公司的客户，我们还联手做过一场效果绝佳的带货直播。

你看，原本他只是台上的发言者，与我毫不相关，而我的主动出击让我们成为合作伙伴，让我们成为彼此的有效资源，让双方受益。

看到这里，你可能心有疑问："道理我都懂啊！我该如何去认识别人呢？"

第一步，心中有目标，在合适的场合主动认识他人。只有"合适"和"有目标"，我们才不会让认识的人成为通讯录上的名字。合适的场合是外在条件，比如，尽量去参加有一定门槛的活动，这类活动会让参与者更愿意敞开胸怀认识他人；而在那些谁都能参加的活动上，核心参与者往往在发言结束后便立刻走人，不会想在公开场合与他人有更多的深入交流。有目标是内在条件，你可以清晰地知道自己去认识别人的目的是什么。

第二步，了解对方需求。如果是在与工作相关的社交场合，尤其是双方初次见面，那么我并不建议你与对方拉家常。针对性地聊聊对方公司情况和当下目标，可以最快了解双方能否匹配价值。如果你刚好有对方想要的，或是对方刚好有你想要的，双方就可以进行合作。

第三步，梳理清晰的自我介绍，侧重有效部分并自信展示。对于自我介绍，侧重有效部分并且自信展示可以使你在最短的时间内让对方了解你、需要你。如果你恰好匹配对方需求，你就自信展示，并尽快抓住合作的黄金期。

当然，除了上述三步，你还可以像我一样，在侧重展示后，为自己主动贴上标签，让对方从外在的通讯录下手直接修改你的名字和需求，让对方不自觉地在某些关键词上联想到你，加速你们之间的合作进程。

我们的价值不会因为认识厉害的人多而增加，我们在社交场合中的价值也不是以集邮式的交换联系方式来体现的。社交资源价值最大化的本质是合作可能性的最大化。

社交资源四阶段

看完上面的内容，你也许会困惑：我似乎没什么自我价值，我就不出去社交了吗？我永远都不能拥有自己的社交资源吗？

我把社交资源分为四个阶段，大家可以对应不同阶段的方法策略。

第一个阶段是拓展。如果你是学生或职场小白，并没有过硬的技能，那么我建议你在这个阶段以爱好为核心关键词。比如，你喜欢读书，你就可以去参加与阅读相关的活动，认识这个领域最厉害的人，拓展社交边界。拓展阶段最重要的是，不断拓展自己社交的边界，去认识朋友。比如，我所采用的方式就是采访，通过采访去深度连接他人，了解别人的故事，彼此点亮和激发人生和思想。

第二个阶段是匹配。你可以打磨自身能力，确定你的核心关键词。这个关键词是可以为他人创造价值的，你可以参加相关的社交活动，并且找到需要你能力的人。比如，你擅长理财，你就在活动中匹配需要理财这项技能的人。

第三个阶段是强化。你可以强化自身标签，创造更多的合作，提高自己的被需要价值。

第四个阶段是认同。你的能力越强，你被需要的概率就越高，你就可以成为社交场合里大家最想认识的那个人。

　　我们不需要以认识谁为荣，而应该打磨自身能力，在不同阶段积累不同的社交资源。此刻的你，只需要勇敢出发。

　　我们一定要大胆地打破自己的社交边界，认识新朋友，在这个过程中了解世界、了解自己，直到明确自己是谁以及当下的目标。真正的社交资源是彼此知道对方身上的核心价值及标签，并且在过去、现在和未来不断探索双方之间的可能性。对内清晰明确自我价值，以强化自我价值为核心；对外观察对方需求，主动出击，侧重展示，探索更多属于自己的彩色未来。

出门背大牌包还是帆布包

> 让穿着为你的社交加分，也要让实
> 力成为你的外衣。
>
> ——牛文

社交实力，指的是我们在社交场合中的被重视程度。重视程度越高，我们能够获得的资源和机会就越多。

过去，常有人跟我说的一句话是"人靠衣装"。那么，我们来聊聊外表在社交中到底发挥着怎样的作用。

很久之前，我看过这样一个选择题：你在一个大家都盛装出席的活动穿着运动衫走了进去，和你在一个大家都穿着运动休闲装的场合穿着晚礼服进去，哪一种场景会让你觉得更尴尬？

　　如果这道题让 20 岁出头的我来选择，那么对于上述任何一种场景，我都会觉得极其尴尬，恨不得立刻跑开。但放在如今 30 岁出头的我身上，我又会觉得两种场景都没那么尴尬。

　　原因是，着装仅仅是社交活动中最表层的一个因素。倘若我们真的有实力，谈吐不凡，那么我相信，哪怕我们在一个社交活动中的穿着格格不入，也并不妨碍我们自洽又自信地去做该做的事情。社交的核心是价值互换，而不是比拼衣着。

　　当然，上述的尴尬场景不太会出现。更多的时候，我们的穿着还是随心所欲。人人都有爱美和向好之心，那么在一个社交场合，我们到底该如何穿着最保险呢？我跟大家分享一个自己的小故事。

　　几年前，我受邀出席一个论坛。我非常慎重地对待这场活动，拿出了自己最贵的包和衣服，精心打扮。

　　在会场的电梯，我遇见了一个比我厉害很多的前辈，她低调地穿了一身没有任何名牌标记的套装，拿着一款不知名的手包，我们两个跟着人群一同进入了电梯。

在电梯里，大家纷纷跟这位前辈聊天和打招呼，而我穿着一身名牌，略微有些尴尬。这件事给了我很大的启发：在群体活动中，我们要根据不同活动的类型穿衣，不要让衣着外表喧宾夺主。换句话说，在商务活动中，穿着大方简单最佳，我们并不适合穿前卫、满身 Logo（商标）的服装。

社会上曾经流行一句话"Fake it until you made it"，这句话的意思是，"你可以伪装成为你想成为的人，直到你真正成为这样的人"。于是，不少人把这句话用在了自己的穿着打扮上，喜欢模仿自己仰慕的人的穿着。

关于这一点，有人说雷军在小米的发布会上就在模仿乔布斯的穿着，黑色短袖加上牛仔裤，甚至有人称呼雷军为"雷布斯"。

这是模仿吗？我倒不这么认为。作为企业家，雷军实际上已经在自己的领域获得了极高的成就，没有必要也无须模仿任何人的穿着，不管是创业早期被人诟病的不着边际的着装，还是如今被人说模仿，这不都妨碍他创造了市值千亿元的公司的事实。穿着是媒体为了话题而预热的新闻热点，而非我们要关注的重点。

如果我们走在街上，那么靠外表来武装自己，从而成为理想中的人是完全可行的。就像《人生十二法则》一书里提到，龙虾中的血清素越高，战斗力越高，血清素高的龙虾总是能够更加笔挺地站立，更受欢迎。

对于我们来说也是一样的，从外表到姿态，建立起自信、昂扬的样子最为重要。关于社交穿着，我有几点感受分享给大家。

第一，穿着不适合，导致外人对我们的职业身份超出认知。

对于一名刚毕业的学生，或者初入职场的新人来说，在一个公开场合，满身名牌，看似华丽，但实际上非常不利于社交。所以，社交场合的穿着要考虑到外人对我们职业身份的认知。

第二，比起外表，更重要的是我们对活动的准备。

一场社交活动的收获，最终并不取决于我们穿什么，而是我们对活动的准备。比如，活动的内容是什么，有什么嘉宾前往，跟自己的职业和生意有哪些契合的方向？

我在出席任何一场活动之前都会查询到场的嘉宾的信息，再根据自己当下的需求，准备好去主动认识谁以及聊什么。

完全的准备，才能够让我们在社交活动中获得自己想要的东西。

第三，社交谈资来源于我们的知识储备。

在任何一场活动中，最尴尬的不是我们的穿着不和谐，而是我们压根听不懂别人在说什么。

开不了口是社交里最为尴尬的事情，所以平日里的知识储备非常重要。我们要对新鲜事物和信息保持打开、接纳的状态，多看看和吸收天南海北的知识，不要局限于自己的学历、专业、职业等背景。

如果我们能听得懂、谈得上、聊得来，那么社交谈资会让我们的社交活动登上新的台阶。

第四，社交实力永远取决于我们是谁，而不是我们穿什么。

　　那么，我们什么时候可以不用在意自己的穿着？当我们在这个社交活动范围内已经拥有了人尽皆知的实力的时候。

　　王菲的穿着之所以随心所欲，是因为她极其有天赋的音乐才华被人们熟知。

　　如果职场小白的穿着艳压公司所有人，这恐怕只会招来妒忌。所以，与其绞尽脑汁思考如何亮眼，我们不如提高自己的硬实力。

　　我跟大家分享一个自己的故事。2022年冬天，我在参加了福布斯环球联盟企业家的一场晚宴。我和晚宴上的姑娘们一起拍过一张合照，照片里其他姑娘穿着露肩装，而我穿着秋裤。当我把这张照片发在社交媒体上的时候，有人说我穿着不搭调，但我大大方方地承认："是的，我穿了秋裤。"在这场晚宴里，穿秋裤的我并没有损失什么，也一样结交了高价值的朋友。

　　第五，简单大方，保险的穿着是我们的上乘选择。

　　如果非要让我给建议的话，我会建议大家在社交活动中以简洁大方为主，不穿有明显 Logo 的服装。像电视剧《我的前半生》中的唐晶那样的穿搭，利索、干净的剪裁，可以体现出专业和靠谱，这是职场人或生意人可以参考的样板。

拥有多少名牌以及穿戴如何华丽并不是社交重点，重点是，我们的每一次出场都能够落落大方、做足准备、主动出击、有所收获。

希望我们都能够明白，实力才是最好的外衣。

提升社交魅力的终极秘密

> 自信是终极魅力。自信来源于知道
> 自己现在是谁、未来成为谁。
>
> ——牛文

一个人的魅力，不是外貌，不是家境，而是骨子里对自己当下的相信。

谈到魅力，我想分享一部我看过的纪录片，内容是关于马云的创业故事。1994—1998年，在那个电脑尚未普及的时代，马云投身互联网创业，他和他的同事奔波在杭州和北京的大街小巷，上门为很多家公司推荐自己创办的中国黄页。

在这部纪录片中，马云穿着蓝色衬衫，向公司领导介绍什么是互联网。他说，只需要一台电脑，你就可以把产品卖到全世界。那时候，大家不理解互联网，马云带着团队在北京待了 14 个月，毫无收获。纪录片里，马云坐在晃晃荡荡的公交车里，背景是他说的这句话："我失败了不要紧，至少我把这个概念说了出去。"

相信自己能成功，是顶级的社交魅力。这种相信不是看一个人在斗志昂扬的人生高峰时刻，而是看这个人的人生低谷时期。马云就有这样一种魅力。

我曾经是一个唯唯诺诺的女孩。跟很多人一样，我不愿意过多地表达自我。在社交场合里，我优先选择一个安静没人的位置，恨不得没人注意到我，到了时间就悄无声息地离开。

如今，我进入一个社交场合的时候，即便紧张，也决不退缩，而是主动表达，甚至站在舞台中央，告诉这个世界我是谁。

因为我真真切切地相信当下的自己：我能把事情做好，我能实现自己的价值。这种相信从何而来？我认为是对内和对外两种魅力的修炼。

对内的魅力修炼来源于自信、自身实力和潜在特质。我们未必需要聪明绝顶或者异常优秀，只要我们相信自己能够不断地变好，自信就会体现在脸上。这是我们最好的社交名片。

自身实力来源于专业能力和知识面。专业能力也就是我们的工作能力。毫无疑问，在初入职场时，我是不自信的，也是没有魅力的。因为我感觉自身价值感缺失，尤其在商务合作的场合里，我不知道自己能为别人带来什么。知识面就是一个人获取知识的宽广度，提高知识面最迅速的方法就是广泛阅读。《冯仑：我的风马牛哲学》一书中提到，读书可以增加商业机会。知识可以拓宽交流的渠道，从而使交流的对象变得宽泛。通过读书学习，冯仑在商务、国际关系、社会政治、历史、文化艺术等诸多领域都有自己独到的见解，这使得他可以和不同的人很好地进行沟通与交流。人际交流的范围越广，对事业边界的扩大及人际交往层面的提升等方面的益处也就越大。

潜在特质是指他人从我们的言语、谈吐、行动中感受到的优点，比如坚持、积极、务实、诚信等。

我在 2017 年获得全球 ATHENA① 女性领导力奖，推荐人邱玉梅（Daisy）曾经告诉我，我是一个看起来特别上进的女生，因此她推荐了我。

那是我第一次意识到，我们只需要在为人处世上靠谱、积极向上，总有一天会有贵人看在眼里，为我们鼓掌。

对外的魅力修炼来源于观察能力和情感联结能力。

观察能力指的是我们进入社交场合后，对于场合的观察，从而做出适合自己的行为。每次参加社交活动，我都会问一下这是什么类型的活动，哪些嘉宾会参加，以及注意事项有哪些。但凡我作为嘉宾出席活动，我都会准备演讲的逐字稿。如果我作为参与者参加活动，那么我会选择倾听，而不是高谈阔论。

观察能力不仅适用于线下，也适用于线上。

我们的品牌野新派在线上有很多微信群，有一些人在微

---

① 一个全球性非营利组织，目标是赋能女性领导者，尤其是在女性占比不足的行业和领域。

信群里很少说话，但偶尔会发自己的文章链接或者求助信息。其实，并不是每一个群主都默许这种在群内随意发链接的行为。在彼此不认识又不太交流的情况下，一个人在群内只发链接很容易引起他人的反感。所以，在线上，我们应该多和群主及群内的小伙伴交流，观察大部分人的行为喜好，避免社交的雷区。

情感联结的能力就是共情能力。我们是否能够通过对方的眼神、只言片语了解对方的情绪，是否能够专注当下的时光与对方真诚沟通，这些都是非常重要的。对我来说，共情能力就是认可和专注——认可对方的态度，专注当下的对话。这样才可以让同频者之间的交流更加顺畅。

我还想补充一点，其实"魅力"是一个多元化的词语，里面夹杂着很多维度。前文提到的对内是我们人人都需要修炼的内功，而对外的两点并非适用于所有人的所有阶段。

我见过一位投资领域的专家。他在聊天的时候永远都会犀利地指出对方项目的问题所在，一旦觉得活动毫无价值就会转身离开，从不顾及别人的看法，也不在意别人的感受。

在专业上，他无疑是有魅力的，这种魅力基于他不可替代的价值和职业属性——时间为王，价值第一。在涉及工作的社交场合，他总是酷酷的，哪怕共情能力弱，也不妨碍他在自身领域拔尖。

你看，每个人的魅力不尽相同，对外的修炼也需要根据大家的职业属性进行调整和侧重，老师的人格魅力来源于对学生的关怀，明星的人格魅力来源于自身呈现出的性格特征。我们不妨思考一下自己有哪些可以衡量的魅力指标？

社交魅力永远来源于我们自身的修炼。只要我们不断行走在路上，带着一颗相信自己的信念，不管处于人生何种阶段，我们都可以在社交场合中大方、坦诚地介绍自己。不管我们是职场小白还是家庭主妇，我们都是充满魅力的那个人。

个人品牌，让你轻松开启高价值社交

> 拥有你的关键词，强化你的关键
> 词，记住你的关键词。
>
> ——牛文

近年来，"个人品牌"这个词被媒体频繁地提及，相信你也不会陌生。但到底什么是个人品牌呢？普通人也可以有自己的个人品牌吗？

我的答案是：可以。人人都可以拥有自己的个人品牌。

我对个人品牌的理解是，你周围人提到你时联想到的3~5个关键词。这些关键词包含你的职业属性和性格属性等跟你有关的词语，而每一个词语都可以帮助别人更好地认识你、了解你。比如，职业属性可以帮助你在社交中找到潜在的合作伙伴，性格属性可以让你在社交中脱颖而出。

一个完整的品牌，就是几个关键词组成的一句话。

在不同阶段，每个人都有不同的个人品牌。拿我自己来说，2020 的我是一个勇敢又折腾的媒体人，致力于帮助大家打造个人品牌，帮助创业者闪耀自我；2022 年的我是野新派创始人、福布斯环球联盟企业家，我的公司专注于帮助职场人和创业者打造个人品牌。这些词语组成的这句话，可以快速让大家了解我，感知到我身上具体的价值。

那么，个人品牌是如何形成的呢？

首先是你独一无二的人生经历。我在《你越迷茫，越要去闯》中序言的第一句话是："我这辈子从来没想过我会出书。"回顾自己的职业生涯，其中充满了无数惊喜和意外，因为我总是在不断追寻和创造自己的生活。

从毕业后做科技公司到电商公司，再到如今做自媒体和教育，我不断在尝试自己想做的领域，并且能够直面自己的野心。这些经历造就了现在的我，大家对我统一的印象都是"勇敢""励志""野心"，这就是我身上的性格关键词。

正因为我身上带着这些关键词，所以关注我的也都是勇敢、正能量、想要活出与众不同的读者。

而每一个人都有自己独特的经历，也许平凡，也许曲折，但是你的经历成就了今天的你。

其次是你当下正在做的事情和想要让别人记住的事情。

我在2019年末创办野新派这个品牌的时候，目标就是通过知识的传递帮助大家打造个人品牌和影响力。我想要大家知道，每一个人都可以通过挖掘自身特质来展现自己、打造个人品牌和扩展影响力。所以，在品牌成立初期，只要是对外的活动，我都会在自己的个人介绍里加一句话："我可以帮助大家打造个人品牌。"久而久之，大家都知道我在做这样的事情，甚至不断有朋友来咨询到底如何打造个人品牌。

你不妨也思考一下，你正在做的事情和你想要让别人记住的事情。比如，你正在创办自己的珠宝品牌，或者你正在学习绘画、钢琴，抑或是你在互联网公司从事市场营销。你正在做的事情可以是你的创业项目，也可以是你的兴趣爱好，你只需根据自己的想法提炼即可。

个人品牌在社交中最大的好处是，你可以通过一句话快速让他人了解你，包括你的个性、职业等信息。只要传递出去这样的信息，你就可以快速在社交中找到同频者。这些同频者可能对你感兴趣，也可能对你的生意感兴趣。你可以轻松开启高效社交，把每一次与外人的接触，都变成自己个人品牌对外宣传的一次机会。

这就是个人品牌带给社交的最大好处。

接下来，大家就可以通过打造个人品牌来开启自己的社交了。

根据前文的思路，我们一起来思考一下：

你想让别人记住关于你的哪些关键词？

你当下正在做什么？

你希望别人可以记住你的事情是什么？

通过思考这三个问题，找到自己的关键词、现阶段情况和想要给他人留下的印象，然后写成一句话。在与人打交道的时候，通过这样一句话快速让别人认识你、记住你，你的目标就达到了。在这里，我特别想要强调的一点是，每个人的个人品牌都是这个世界上独一无二的，只要你勇敢地开始说出自己的故事，总结出这样一句话，你就可以让每一次社交活动既高效又有趣。

在有了个人品牌之后，你的社交方式就可以开启新方式了。

进入新的场合，你可以通过自己的关键词来准备一份简短有力的自我介绍，让在场的每一个人都可以清晰了解你的价值。这些关键词越清晰，被提及的频率越高，产生的合作和收益就会越大。

我在合肥有一位客户名叫张立新，他在安徽省内有接近100家的卤菜店。我是在2022年认识张总的，并且开始为他打造企业家的个人品牌。经过深度的交流，我发现，张总本人的经历非常传奇：20世纪90年代，他创办"大头鞋业"的品牌，安徽省内绝大多数人都买过这个品牌的鞋子，他是个人尽皆知的企业家。后来生意下行，他投资农业，从销售额过亿到负债 3000 万元，又在 2020 年重新起航，创办"大头卤菜"，以"从不卖隔夜菜"为核心卖点，短短三年扩张到近 100 家店面。

我把他的故事拍成短视频发布在抖音和视频号上，让他的知名度得到了快速提升，安徽的很多创业者知道了张总"负债 3000 万元到拥有 100 家卤菜店"的故事，也有很多用户因为他不卖隔夜菜而放心地购买其产品，使其线上销售额翻了 5 倍之多。

他个人的关键词是"负债 3000 万元到拥有 100 家卤菜店"，他企业的关键词是"不卖隔夜菜"，前者让他在创业过程中更容易被人记住、更容易吸引资源，后者则让消费者更容易传播他的品牌。张总后来跟我说，我为他打造的个人品牌非常成功，很多生意人认识他，他与别人的合作更简单，也更轻松。

这就是个人品牌带来的价值，高价值的社交取决于你的定位。你只需要释放自己的魅力，传递自己的价值，就可以吸引到想要认识你的人。

最后，通过行动不断强化自己在社交中的关键词。

我从 2019 年开始教学个人品牌，在 2020 年成立自己的品牌，专注于帮助他人打造个人品牌。截至 2022 年，我深度服务过 3500 多位创业者和职场人，更是帮助了数十家上市公司级别的总裁做他们的创始人个人品牌。学员和客户接触了我们的课程和服务，口口相传，一直对外主动介绍我，"牛文有一家专注帮职场人或企业家打造个人品牌的公司"。这句话传播出去之后，找我的人忽然变多了。

我不断帮助他人打造个人品牌，通过我的行动不断强化和加深了自己的关键词，于是我甚至不再需要去寻找社交活动，只要有人对"个人品牌"感兴趣就会主动找我，我的时间变得更加高效和自由。

所以，有了关键词还不够，我们需要不断强化自己的关键词，从自己主动提及到他人主动提到自己，个人品牌就会伴随着人和人之间的交往不断地扩散出去。这样，我们的社交之路就会越来越顺畅。

立刻行动起来吧！让自己的人生极致闪耀，打造自己的个人品牌，开启高价值的轻松社交，为自己带来源源不断的合作和机遇。

第二章

线上社交，
被我们忽略的小金矿

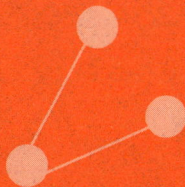

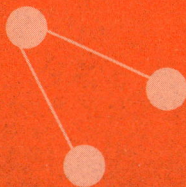

聊天也要打草稿

随随便便聊天，浪费彼此时间。

——牛文

我之前没有想过，有人在微信聊天的时候竟然会打草稿。

有一次，我跟一个关系"很铁"的哥们出去吃饭。吃饭期间，他看了眼手机，然后跟我说，要我给他 10 分钟时间处理一下微信消息。我说好的，然后我就眼睁睁着他打开了自己的手机备忘录，开始大段地敲打文字，删删减减。就这样过去了 10 分钟，他才复制了备忘录的那段话，粘贴到了微信中，回复了对方。

因为关系好，我就直截了当地问他："平时我们微信聊天都是一来一回的，你这在备忘录里删删减减，到底是在做啥。"

　　他放下手机，非常严肃地问我："我们平时会通过微信跟老板或者投资人等重要人物聊天，对吧？"

　　我点点头。

　　他继续问我："聊天的目的是什么？"

　　我说："这个因人而异，每个人的聊天目的都是不一样的。"

　　他又问我："好，如果你在线下带着目的去谈判交流，你说话前会思考吗？"我又点点头。

　　他接下来的话让我为之一振："如果我们在线下谈判交流时会提前思考说出的话，那么在同样的线上沟通场景，大家怎么就可以随便聊天打字了呢？对于不同年龄段，标点符号和表情包可能会造成误解，我们在线上交流时要更加小心谨慎才对。所以，我每一次跟重要人物在线上聊天的时候，都会要求自己先打个草稿。"

　　他的这番话彻底点醒了我，我忽然想到了关于微信表情包的一个小小争议。比如微信默认表情包的第一个微笑表情，这个表情细看是一个人在微笑，但是由于这个表情里的眼睛朝下看，所以不同人的理解是不一样的。对"60后"、"70后"和"80后"来说，这个表情代表"友好"；而对于"90后"和"00后"而言，这个表情可能是"讽刺"的意思。

一个小小的表情对不同人群都有不同的含义，更何况是我们在线上复杂的沟通交流呢？

线上交流打草稿，乍一听是一个不可理喻的行为，但仔细想想，这是谨慎又科学的交流规则。一方面，根据自己的目标去交流，可以让自己的线上社交更加高效；另一方面，斟酌清楚打草稿再发出，也是在尊重对方的时间，会让对方对我们心生好感。

在朋友跟我交流了之后，我开始思考如何在线上交流过程中养成良好的习惯，并且总结了自己的方法，分享给大家。

第一，在沟通之前，确定目标。

在聊天的时候，我们如果只是为了开心或者打发时间，那么完全不用这么谨慎。但是，如果线上沟通的对象是领导、客户，我们就一定要思考目标是什么（是汇报工作还是达成某一个合作），确定目标之后，再进行沟通。

第二，换位思考，考虑情绪。

在线上交流见不到对方的前提下，要想让每一次的交流尽量不产生误会，以及最大限度地让对方理解我们的意思，换位思考似乎就非常重要了。我们要站在对方的角度思考一下，对方看到这段话之后的情绪反应是什么。

线上沟通的时候，我们最容易犯的错误就是因为过于着急而多打了字符和表情，从而让对方产生误解。如果线上沟通让对方产生负面的情绪，这就在第一时间扼杀了双方合作的可能性，我们就很难达成自己的目标。

所以，我们需要换位思考，这是一件微小又容易被我们忽略的事情。

第三，运用 TEND 法则。

TEND 模型是一个高效沟通模型。

T——Task（任务）。

E——Example（例据）。

N——Notice（注意事项）。

D——Deadline（时间期限）。

比如，我要采购一批点心做员工福利，我在线上与供应商老板交流，目的是选择性价比最高的点心给员工做福利，那么我可以这么表述：

老板你好，我现在需要采购 100 箱中式点心作为员工福利（任务）。

我们的预算是 2 万元（例据）。

一定要拍照好看、低脂低糖（注意事项），需要在 10 天之内到达上海（时间期限）。

如果这样沟通，对方立刻就知道了所有信息。一条信息发过去，对方就可以回复我能否合作。这样就避免了信息一来一回的提问和拉扯，可以节省双方时间。

互联网的发展让我们的线上交流越来越方便，也越来越随意。所以，我们在交流的时候经常不思考，随着自己的性子跟对方交流。要不是朋友的提醒，我都没有注意到这个问题，原来线上交流也有这么多的讲究和学问。

最后，我再送给大家四个线上交流的小贴士。

宁愿不聊天，也绝对不聊废话。

宁愿晚点回复，也别随便说话。

宁愿主动聊天，也别让通讯录沉默。

千万不要不回微信，不要用意念回复。

当然，打草稿的行为也许过于谨慎，但是非常适合我们在线上谈判、合作以及在职场里跟领导沟通。如果是与朋友或者亲人沟通，我们不妨就放松随意一些。

我们可以在线上交流中大胆出击，仔细思考，利用线上社交的小技巧，在线上结交新朋友、拓展新视野，这样说不定还能让你的生意更红火。

别让头像阻拦你的社交之路

走遍天南海北，我发现，"让人喜欢"好重要。别让头像阻碍别人认识你。

——牛文

心理学上有一个首因效应，指的是两个人在初次见面的时候，给彼此留下的印象为后续交往带来的影响，也就是"先入为主"。如果初次见面给别人留下很好的印象，后面的交往就会非常顺利。但如果初次见面就引起对方反感，那么对方在后续交往的过程中也会有排斥心理。

这个效应不仅适合线下，也适合线上。

在互联网发展如此迅速的当下，我们很多时候是通过线上来认识新朋友的，线上成为人和人交流的第一道门。这个时候，我们的第一印象就来源于我们的头像。不管是现在还是未来，只要我们通过网络来社交，就必须要重视自己的头像。

这些年，我因为工作的关系与各行各业的朋友添加了好友。我想先跟大家分享一下我观察到的现象。

如果头像也分类型，那么我观察到有五类头像。

第一类，以风景为主，比如宽敞的马路、有特色的建筑、碧海蓝天等等。人站在风景中，通常是侧身或者背影，并且人占到照片的30%～50%。拥有这一类头像的人，大多有海外留学背景。

第二类，以半身照为主，纯色背景，正面头像，双手叉腰或者环抱胸前。拥有这一类头像的人，大多在线上有着自己的生意，比如销售产品或者提供服务。

第三类，纯风景照，单凭头像无法识别对方的任何信息。拥有这一类头像的人大多是年长的人。

第四类，卡通头像，比如哆啦A梦或者美少女战士。拥有这一类头像的人，大多是20岁上下的年轻人，当然还有一些富二代和隐形富豪。

第五类，随意搞笑的表情，比如举着浮夸的玩具，摆出一副夸张的动作。拥有这一类头像的人，要么是非常厉害的人，要么是天真烂漫的人。

讲完我的观察，我跟大家分享一个因为头像而吃亏的案例。

我有一位女学员，她 30 岁出头，是一位新手妈妈，主业在外企公司做高管，副业做珠宝生意。原本她的头像是她在公司随意的一张自拍，清新大方。后来，她为了做好生意，专门去照相馆里拍摄了一张商务照。

在这张照片中，她穿着黑色露肩连衣裙，站在纯色背景中，双手环抱胸前，抿嘴微笑。你可能觉得这个头像很不错，比较正式，然而这个头像让她丢失了不少生意。

原因是，原本她的客户都是跟她一样的新手妈妈，她在很多新手妈妈的群里经常跟大家交流心得，因此获取了不少朋友和客户。大多数新手妈妈的头像是自己和孩子的照片或者在家中的自拍，而她的新头像与周围人格格不入。

当你的头像不符合你的身份和环境，头像就会成为线上社交的障碍。

好的头像是符合你和周围人的认知范围的。所谓认知范围，就是指周围人对职业通俗意义上的理解。

如果你从事儿童教育，那么你的头像可以是温馨、亲和的。如果你从事互联网工作，那么你的头像可以是搞怪、可爱的。

从认知倒推来思考头像，是一种新的底层思考方案，可以让你从自己出发，选择最适合自己的头像和方案。

我们不妨从两个角度进行思考。

第一种角度，我们从事的职业希望带给陌生人什么样的感受？拿我举例子，我是一个自媒体人，也是一个创业者。对我来说，线上社交是非常低成本的拓展合作伙伴的方式，所以不管外界如何理解我的职业，我都希望我的头像给别人带来亲和、友好的感受，这样可以第一时间促进陌生合作伙伴与我的交流。

2022 年，我的头像是我穿着红色连衣裙正面微笑的照片，是我在餐厅拍摄的。很显然，这不是一个非常职业化的头像，但也正是因为头像的亲和力，让我可以快速在线上与陌生人产生连接，从而达到自己的目标。

对你来说也是一样的，你希望传递的感觉是什么呢？比如专业、靠谱、温柔，这些都可以通过照片进行传递。

第二种角度，我们所在的圈子对新鲜事物的开放程度如何？比如前文提到的女学员，因为她所在的客户圈子多数为新手妈妈，大家对已有的事物习以为常，并且新事物的出现会打破大家原有的认知，所以这些自然就会增加她做生意的难度。

同样，我们不妨根据自己所处的环境和圈子思考自己的头像。这两点适用于大多数人，我们可以根据这两种思考方式来调整适合自己的头像。

一定会有喜欢大胆和创新的读者，喜欢自定义头像。当然，我不反对任何颠覆和创新。但是，从我的角度来说，在商业世界，靠谱、亲和是最有利于自我社交的标签。当我们羽翼还未丰满的时候，我个人更倾向这种头像的展示自我。

如果你看了这些还觉得纠结，那么我给你一个简单直接的解决方案，那就是传递笑容。笑是社交中通俗易懂又友好的语言。你可以用自己半身微笑的照片，不管是侧脸还是正脸，我相信，这可以帮助你在线上打开属于自己的社交方式。

从头像开始，选择让你舒服且符合自己身份的照片。从此刻开始，开启你的线上社交之路吧！

社交形象，
为你的线上社交穿上体面的外衣

可视化成长，从 0 到 1 构建你的影响力。

——牛文

在现在这个时代，每个人都应该认真经营自己的社交形象，通俗点说，就是社交媒体上的形象。社交形象是什么？并不是伪装的岁月静好，而是实在的成长、真诚的分享。对于这些成长，我们不仅可以记录，还可以将其发布在适合的载体上，比如当下流行的朋友圈、视频号、抖音，或者未来新的社交媒体上。

近几年，我常听到合作方跟我说这样一句话：我见证了你这么多年的成长，为你感到高兴。

我起初觉得很奇怪，他们跟我并不熟悉，是在哪里见证我的成长的呢？2023 年，我朋友圈里一位从未聊天的创业者主动找我，让我为她的公司打造创始人个人品牌，我才得知原来她加了我微信长达 7 年时间。在这 7 年里，她见证我从写公众号到拍短视频，从做自媒体人到创办公司。我的这些成长历程被她看在眼中。眼见着我从一个懵懂的女孩到如今坚定自己人生方向，越走越稳当，她非常信任我，所以主动与我合作。

听到她的这番话，我仔细回忆了一下自己的在社交媒体里分享过的内容。

2014 年，我首次尝试写作，无比激动地将其发在朋友圈里，再到第一次建立公众号，与大家分享我的写作之旅。

2016 年，我创业做内衣品牌，我曾经 3 天辗转 6 个城市寻找材料，在夜里凌晨一点发过朋友圈。2017—2018 年，我做自媒体。2019 年，我创办野新派。从经营自己到创办社群、开办企业家的个人品牌服务，我把我折腾的每一件事、荣获的每一个小荣誉，都积极地发在了朋友圈和自己的社交媒体平台上。

我分享过自己对热点事物的看法，也聊过自己事业上的挣扎和困惑。在社交媒体上，我一直都尽量真实又真诚地呈现自己当下的状态。

真实又真诚是对外表达的一个优点。这样，他人可以清楚地感知我们的变化和心境，但这也并不完全是优点。

有一次我跟闺蜜见面的时候，她跟我吐槽："你最近到底在忙啥？怎么感觉你朋友圈东忙一下、西忙一下，给人做事不专注的感觉。"闺蜜的提问点醒了我，于是我拿起她的手机，从她手机里的视角看了看我自己的朋友圈。

这么一看，我发现了问题。那一阵子，我正处于特殊的事业探索阶段，我确实每隔三个月就在聊全新的行业的看法，我发布的信息也异常混乱：今天去了 A 峰会，明天去了 B 行业论坛，后天在跟 C 行业的人交流。从表面的信息来看，他们只会觉得我毛毛躁躁，不知道我到底是做什么的。

我意识到，当我们的事业还在探索阶段，尤其是事业发展还处于极大不确定性的时候，我们看似真诚地分享这一系列探索过程，但是对外人来说，这会带来一种混乱感。我们只顾着在社交媒体里分享自己的收获，沉浸在自己的视角里自嗨式表达，把社交媒体的分享当成私人日记本，从未从第三者的视角思考过自己的社交形象。

那一次谈话，让我第一次从别人的手机里，以第三视角审视了自己的朋友圈内容。

我做对的事情是，将自己的成长对外呈现了出来。

我做错的事情是，过度呈现给他人一种不可信的感觉。

复盘后，我开始思考，在成年人世界里，到底什么才是有效的社交形象，以及如何树立自己的社交形象？

对自己最有利、最有效的社交形象是我们专一的可视化成长。所谓的"专一"，可以是我们在自己的领域里扎根学习，也可以是我们在自己的路径上独特探索，还可以是我们正在从事某项职业。所谓的"可视化成长"，就是我们从小白到高手的全过程，包括我们的学习过程、探索阶段以及阶段性的成绩和进步。这些都是可以发在社交媒体上的。专一给人靠谱、踏实的感觉，可视化成长让他人更愿意信赖我们、相信我们。

可视化成长还有四个关键点。

第一，真诚分享自己的事业，不要羞于从零开始。

很多人在一开始经营自己社交媒体形象的时候，认为自己是个小白，觉得没什么好分享的。其实，这恰恰是我们最应该大胆分享的时候。

我有一个"00后"的粉丝，叫葛辉。我刚认识他的时候，他正在澳门读研究生，他说自己只是个学生，也没什么好分享的。后来，我和他聊天，发现他喜欢读书和美食探店，就鼓励他开设了一个小红书账号——专门分享自己看过的书和在澳门念书期间探访的美食。他没想到自己竟然写出了多篇点赞上千的笔记，还因此收获了新的朋友和工作机会。也因为他的分享，我看到了他在社交媒体平台的写作能力，并在2022年的暑假邀请他来我们公司实习两个月。

每个人都喜欢积极向上的人。如果你愿意把自己的事业创办过程从0到1分享出去，那么我相信随着你专业能力的提升，一定会有无数的人靠近你、鼓励你、跟你合作。

第二，记录每个微小的进步。

在成长的路上，我们要学会自我鼓励，找到微小的进步，并且记录下来。

这个进步可以是第一次面试成功，可以是第一次考证成功，也可以是第一篇文章收获了第一个读者。

我在 2021 年初服务了我们公司的第一个大客户陈野槐，她是中国时尚先锋与杰出代表，被誉为"最懂女人的设计师"。公司为她量身定制了社交媒体的个人影响力方案，让"Grace Chen 设计师"这个抖音账号在短短一个月内收获千万播放量与十万粉丝。我把这个成绩发在了朋友圈，竟然收获了三个新客户。

我越来越觉得，一个敢于晒出自己进步与成绩的人，就是一个贵人运特别旺盛的人。

第三，不要太在意别人的反馈，关注自身。

在一开始分享进步的时候，我们也许会非常在意到底有多少人看见我们和鼓励我们。

有一位学员就曾经沮丧地告诉我，她花了很多力气写了一篇个人品牌故事，但是没有多少人点赞，她觉得有点失望。我告诉她，成长最重要的关注自己的内心。在还是小白的时候，我们更要自我鼓励。我们之所以记录成长，是为了更好地复盘和反思，而不是为了外界的反馈。

只有把能量聚焦在自身，不依赖外界来反馈和激励自己，我们才能更好地前进。

第四，梳理自己的价值点，放在你连接人最多的社交媒体上。

不管今天的事业处在什么样的阶段，我们都可以去梳理自己的价值点，用一句话让别人明白我们是谁，我们有什么优点，以及我们能为别人带来什么。

在我们的个人品牌课程里，我们会帮助学员做定位，让他们说出闪耀独特的标签。

职场 15 年，勇敢辞职从全职妈妈到追求内心所爱的摄影师枫春。

国际认证尊巴舞教练、腰围 60 厘米的陶子。

想把意大利的无伴奏音乐分享给更多人的孙琳娜（Selina）。

每一句话的背后都是闪耀的灵魂和专业的价值，可以更好地让陌生人了解我们。

合适的社交媒体平台有我们日常使用的朋友圈，也有微博、公众号、抖音等等。我们如果没有时间经营社交媒体平台，不如从最容易上手的朋友圈开始。

合作就从这里打开了。

正如本节开头所说，社交形象是真诚的分享。如果我们想要继续精进，我们可以在对外的分享里深入思考分享什么样的内容对别人是有趣又有价值的。通过这样的修炼，我们就可以拥有属于自己独一无二的社交形象了。

社交形象说到底就是我们自信又独特的灵魂，请不要吝啬分享，也不要为自己的懵懂而感到拧巴。我们的成长过程，就是最佳的社交形象。

北上广深，
我想为你揭开线上的信息差

就连对微信表情的理解都不一样，

你说线上误会有多少？

——牛文

在这里，信息差指的是线上社交因为地域、环境的不同而产生的信息不对称。受限于所处的环境，人们会对很多固定信息有刻板认知。

我在前文提到过，微信通用表情包第一行第一个的黄色笑脸对于"90后"甚至"00后"来说，代表着"讽刺"的微笑，通常的使用场景是跟朋友之间的互相戏谑和嘲讽。然而，对于"80后""70后"来说，这个表情代表"礼貌"的微笑，使用场景为新朋友之间打招呼。假如一个"95后"兴致勃勃地跟"70后"聊自己的想法，对方发了一个微笑的表情，恐怕"95后"会气到跳脚，认为对方根本不尊重自己，然后对话就此终结，双方的连接也到此为止。

在线上社交的场景中，因为看不到对方的表情、接触不到对方的肢体语言，我们只能凭借社交传递出的信息来判断对方的意图，这个时候非常容易出现信息差带来的沟通及判断失误。

你向别人示好，而别人觉得你在嘲讽，这岂不是最惨的社交误会？

打开线上社交，意味着你将接触到全国各地的朋友。对于我们个人来说，这是不断打破自我认知的过程，而这个过程更需要不断充实和丰盈自己的信息库，这样才能最大限度地避免信息不对称导致的判断失误，从而避免错过更多交流和合作的机会。

我们了解的信息越多，认知被重塑的就越多，对这个世界的包容度就越高，在线上社交的优势也就越大。

接下来，我们来聊聊我眼中北上广深有关线上社交的各种有趣的信息。

北京的生意人敞亮，我认识的北京朋友会大大咧咧地在线上为自己的生意呐喊和宣传。从投票到卖货，从事业到生活，他们很乐于分享自己的观点，甚至在线上写长篇的日记来记录自己的感受。

如果有人如此敞亮地谈生活与事业，这意味着对方在全方位地打开自己，接受信息。如果我们去联系对方，那么大概率也会得到热心的回应。人和人之间的交往也就从这里开始了。如果有人敞开心扉，那么我们不妨勇敢回应，联结就是这样开始的。

上海是一个非常小资的城市，这里的人在线上传递的信息多数跟"美"相关，比如美好的风景、美丽的街道、恬静的生活等等。对于上海的朋友，尤其是女性，我在线上通常无法识别对方的职业身份信息，只能隐约感受到美好的气息。

我经常主动询问他们的近况，然后备注下来，以便不错过任何合作的机会。如果对方没有打开自己的信息库，我们不妨主动一点。我们向前走一步，故事就有可能发生。

广州和深圳是非常接地气的城市，这里的生意人最为开放和务实。不管出生在哪里，家境如何，广州和深圳的生意人仿佛都自带小马达，不断为了理想而努力。

他们目标清晰、方法直接。我见过很多广州和深圳的生意人，他们对线上信息的传达有着清晰的方法论。比如，他们的微信头像大多是纯色背景、正面示人，他们的签名写着自己正在做的生意，比如"正在招生""正在热卖"。甚至有不少人专门为自己的微信设计了朋友圈封面，封面上清晰地标注了自己的职业、副业、爱好甚至星座等信息，宛如一个缩小版的简历。

事实上，除了我所描述的类型，我还见过其他类型的朋友。我所抱有的心态是，绝不排斥任何一种信息的传递方式。

不管是直截了当地展现工作信息、生意需求，还是刷屏式地为自己的事业宣传，再或者一天发十条有关孩子的信息，我采纳的方式是观察、接受和判断，然后根据自身情况与对方产生或深或浅的联系。

本质上，对信息的重视度越高，我们就越可以从包罗万象的信息里发现暗藏的机会。最近几年，我因为各种各样的机会添加了不少好友，有些人的线上信息奇奇怪怪，有些人什么信息都没有。我告诉自己的是，不要带着预设去判断他人，而要真诚地交流。

另外，信息差其实是相互的。比如，一个人在线上并不喜欢展现自己所有的信息，很多人就不了解他。再如，虽然一个人完全打开了自己，不带任何预设，但别人有可能带着预设在了解他。所以，在线上社交，我们要打破双方的信息差，主动向前是最佳方案。

我经常在线上加了新朋友之后，主动向对方介绍自己，包括自己的职业背景，让对方对我有一个大概的印象。在整本书中，我也会跟大家分享我是如何向对方传递信息的。

总之，在线上社交，只要我们能够积极吸取有效信息，拥抱一切信息差，保持社交空杯心态，不带有任何刻板印象去结交认识新朋友，我们就一定会有意外收获。

主动出击，让每个人都能记住你

你有享受过"主动红利"吗？

——牛文

我是一个享受到"主动红利"的人。在与人打交道的过程中，我秉承的原则是，先往前一步、主动推进，说不定我想要的故事就发生了。

主动介绍自己

由于工作原因，我有机会认识各行各业的朋友。每一次，我都会主动向别人介绍自己，介绍自己是谁，擅长什么，以及有某些方面需求的话可以主动来找我。

在线上打招呼的时候，既然我们已经主动了，那就要为自己争取"记忆点"。这个记忆点是指对方能够记住我们的关键词。

如何让对方记住呢？在提炼关键词的过程中，我发现了两个规律。一是自我介绍不能太长。大家在线上加了好友之后，并没有耐心去仔细阅读文字，所以将自我介绍控制在一页之内最佳。二是用数字说话。比如，对方也许并不了解我们的行业，但是我们为公司创造的销售额、销售过的产品数量、服务过的客户数量是人人都能看懂的，任何一个人都可以从数字中读出我们的关键词。

我们主动介绍自己，一方面可以让对方知道我们的背景和能力，另一方面可以在与对方互动的时候了解对方，记录对方的信息，以便我们进行人脉上的管理，同时也可以帮助对方在与我们相关的事情上想起我们。

由于近年来我在自主研发课程，同时带领学员用自媒体、社群和个人品牌做生意，所以我的自我介绍里都带着这么一句话："全网粉丝500多万，服务过数十家上市公司级别的总裁，有自媒体、知识付费、个人品牌相关的问题可以问我。"这句简单的话可以让对方快速获取我的能力和价值，也为自己带来了很多合作。因此，经常有人私信甚至付费请教我这方面的问题。

这就是我第一阶段的"主动红利"，因为我主动介绍自己，对方与我未来合作的可能性便增加了。

主动感恩他人

在人生成长的过程中，每个人都遇到过贵人。我定义的贵人，就是那些给过我启发、给过我帮助的朋友圈前辈。在这个世界里，不帮是本分，帮忙是情分。有人若帮忙，我会记在心里，并且会在适当的时机用具体的文字表达我的感恩之心。

我觉得人际关系的交往要简单直接一些。每一位给过我启发、帮助过我的朋友，我都会不定期亲自写感谢信给他们。

他们的工作极其繁忙，也许他们指导的创业者有很多，但是我无比感激在成长路上帮助过我的导师，因此我一直主动定时与他们分享我工作上的"小进步"。

有一次，我正在给一个企业家发信息。当时，他刚好在一个私人会议上，并邀请我前去，最终促成了我们很多的合作。我没想到，带着一颗感恩之心的主动，竟然会有意外之喜。

这就是我第二阶段的"主动红利"，因为怀揣着感恩的心，我向指导过我的前辈主动汇报成绩，收获了新的合作。

主动寻求帮助

野新派成立于 2019 年 12 月，我当时想在上海筹备一场线下发布会，并且在前一个月定下了位于市中心能容纳 200 人的大厅。

这是我第一次举办这么大规模的活动。坦白说，我心里是没底的。在上海，有趣华丽的活动每天都有，琳琅满目，选择特别多，要让大家抽出完整的一下午来参加一场活动，难度不小。

为了能让这场活动有人来，我设置了一个基础的门票价格，这样可以确保大家答应来了之后不会放鸽子，但是这一个决定无疑又增加了发布会的难度。

免费的活动都没什么人来，付费的活动能有多少人来？团队提出这个困惑的时候，我其实心里也略微发抖。但是，既然做了决定，我就要做下去。

于是，我先是罗列了通讯录里跟我关系还可以的朋友，然后为自己制订了一个 20 天的计划：每天私信给 30 个朋友，告诉他们我正在做的事情，如果感兴趣的话可以转给有需要的人。

在给他们发私信的时候，我先是根据每个朋友调整了自己的称呼和措辞，其次为每个人准备了独家的一段文字和图片，方便他们使用。也就是说，我针对了 600 个不同的朋友，写了 600 段不同的话。

我不是单纯地群发信息，而是个性化地针对每个人单独发。在我发出去的信息里，有的人回复了，有的人没有回复，有的人帮我发给了朋友，有的人说不方便。

我主动寻求帮助是我的主观意愿，别人帮忙是情分，不帮是本分。在朋友们的帮助下，当天的发布会来了接近200人，超乎我的预料。这也算成功启动了我的创业之路。

我给每一位帮助我转发朋友圈的朋友打了一个标签，在发布会结束之后，为他们送去了我的礼物。

这是我第三阶段的"主动红利"，我通过主动寻求朋友的帮助，找到了新品牌的爆发。主动向前的第一步很难，但是只要迈开，我们就可以体验到"主动红利"。

不要让人和人的关系止步于相识，当别人不敢往前的时候，正是我们的勇敢打开了更多可能。所以，从此刻起，请往前一步，开启自己的主动社交之路吧！

打开认识新朋友的 N 种方式

> 人与人之间的无限碰撞，带给你新
> 的下半场人生。
>
> ——牛文

你在什么情况下有认识新朋友的诉求？

在这里，我想把"朋友"定义为一个更宽泛的概念。朋友不仅仅是你前进路上的伙伴，也有可能是你的客户。我一直觉得，人和人之间的交往价值无限，而互联网更是放大了这些价值。

与其说"多个朋友多条路"，不如说"多一个价值链接，多一种人生可能性"。接下来，我们来聊聊我如何通过线上联结更多的伙伴。

线上认识新朋友的四部曲分别是去观察、去敞开、去接纳和去支持。

去观察

在看朋友圈的时候，你会看什么？我会关注大家的近况。

因为工作的关系，我并不熟悉我微信里的所有人。由于双方在加了微信之后长久不联系，我也就不了解对方的情况。要想跟他们深入联结，我必须主动观察。

有一次，有个并不熟悉的微信好友发朋友圈，想要咨询关于个人品牌的一些问题。我看到了之后主动联系他，并且跟他分享了一些自己的见解和看法，顺便又自报家门，告诉对方我在做的事情。

对方听了我的简短分享，除了向我道谢之外，几天之后竟然为我推荐了一个合作伙伴。这是一家正在寻找"个人品牌"方面导师的大型企业。合作能不能成尚未确定，但是通过观察来力所能及地为他人提供帮助，是一种高效联结他人的技巧。

去观察别人需要什么，如果你刚好能够帮忙，请大胆地主动向前。相信我，没有人会拒绝来自他人的善意。而每一次的善意，都有可能在人生路上多一个支持你的朋友。

去敞开

我们可以去任何一个社群里做一场分享，这是让所有人认识自己的好机会。这是我在野新派课堂上提出的一个成长法则，也是结交朋友的一个高效小技巧。

试想一个，如果在一个社群里，你能够敞开自己、介绍自己，并且分享自己的人生故事和创业感悟，你就可以通过分享来联结整个社群的人。而在这个社群里，任何一个被你的故事吸引和被你的价值观打动的人都会主动找到你、认识你。

敞开自己的心扉，分享自己的故事，让更多人认识你、认可你，你就可以在线上认识很多新朋友。

去接纳

你会不会对一些自己不认可的观点，忍不住吐槽？

有一次，我在微博上分享了一篇文章——《如果我是房地产中介，我如何来找客户》，我大开脑洞地提到想去开设一个专门拍摄豪宅的视频号，还要去跨界跟装修公司、高端学校负责人等跟安家乐业相关的行业合作，运用互联网高效联结各行各业的人。

在这条微博发出后，下面有一位从事房产行业多年的生意人反驳了我的这个想法。其实，在网上发表观点，有人反驳是非常正常的。所以，我认真地开始跟他探讨这个想法，一来一回，我们索性加了微信，聊起了如何购买房子。也就是这样，我的身边多了一位房产顾问朋友，他为我买房提供了靠谱的指导。

接纳来自周围人不同的观点，从探讨中感受不同职业对于同一个问题的看法。在遇到跟自己不一样的观点时，我们不妨问问对方的想法，我相信我们可以有新的收获。

去支持

在野新派的课堂里，我经常鼓励大家深度建立联结和合作。

在这里，上课不仅是学知识的地方，更是深度联结新朋友的地方。我们的"个人品牌"课程里有一个小作业，鼓励大家写出自己的个人品牌故事，然后鼓励学员之间互相转发。学员之间的互相转发带来的就是大家影响力的集体扩散。

除此之外，我们还鼓励学员之间找合作点。比如，我们有一位学员在南京开茶馆，另外一位学员在南京举办活动，两个人就达成了合作，一个提供场地，一个提供人员和内容，共同吸引来不少新伙伴。

互相支持意味着朋友圈的扩散，朋友介绍朋友，就这样，我们的圈子不知不觉就变大了。

如果我们仔细回忆，就会发现不管在线上还是线下，我们都有无数机会去展示自己，也有无数场合去打开自己，从而让别人认识自己。我们只需要记住一个原则，那就是有人的地方就可能有朋友。我们可以把每一次遇到陌生人的时刻，都当成认识新朋友的机遇。

　　其实，认识朋友的方式有很多。我们只需要不断提升自己，大胆地展示和表达自己。在人生往前走的旅途中，我们可以不断观察、敞开、接纳、支持新朋友，生活在彼此支持、鼓励的氛围中，便会在高处与我们想要认识的人与事相逢。

　　我始终坚信，正是人与人之间的无限碰撞带给我们新的下半场人生。

一个动作，让你领悟社交宝藏

> 有多少人认可你，你就有多少
> 宝藏。
>
> ——牛文

什么是社交宝藏？我把社交宝藏定义为他人与你的合作。

什么是一个动作？这个动作背后的含义是在线上社交场景中，别人对你的认可。这个认可的动作可能是添加你为好友，也可能是主动给你留言或点赞。只要是他人主动与你联结的行为，都是他人对你的认可。

在互联网信息爆炸的时代，我们的注意力无时无刻不被分散。从图文到视频，所有的互联网巨头都试图抢占我们的注意力。而这个时候，如果你能以各种形式被他人关注到，并且对你产生强烈认可，那么你们合作的可能性便会打开。

　　第一个挖掘宝藏的方法是商务合作，找到自己当下清晰的需求点。

　　我在线上参加过不少付费社群。付费社群通常比免费社群更有价值，这样的社群往往凝聚了一批有共同价值观和目标的朋友。

　　在加入这样的社群后，大家会非常注重跟他人的联结与合作，大家会珍惜群内的交流，不会随意发广告。我参加过一个群响的电商社群，社群创始人为了让大家彼此认识、增强社群的价值，专门设置了一个"对接会"的环节。

　　"对接会"，顾名思义就是让大家彼此认识和对接。参与的方式很简单，社群群主主动征集大家的名字、公司、介绍，除此之外会问大家一个问题："你的核心诉求是什么？"随后，群主定期为社群成员设计独家的海报，并发入群内。

　　海报上简单直接地罗列了大家的名字、公司、介绍、核心诉求，每个人都可以直观地了解到对方的背景，以及清晰地了解对方需要什么资源、想要什么合作。如果你刚好也有这样的资源，你就可以直接添加对方为好友，从而进行交流合作。

这件事让我发现，成年人之间的交流可以很温情，也可以很直接。尤其在北上广深这些大城市，人与人之间的交流是多种多样的。我们有把酒言欢的朋友，有深夜陪伴的闺蜜，还有目标一致的同事。

在这个故事里，社交宝藏建立在商务合作的基础上，你的目标就是你寻求合作伙伴和工作同事。在这样的社交前提下，如果你想要挖到宝藏，最重要的就是知道自己的目标是什么，以及知道自己需要什么。

对我来说，我的新品牌正处在快速拓展的阶段，我的诉求就是招募到更多的人才与合作伙伴。在认识新朋友时，我都会告诉他们，我是一个创业者，正在做自己的品牌，擅长帮助创业者职场人打造个人 IP，渴望找到更多可以与我们同行的人，也期待遇见更多能够认可我们价值观的客户。

当我明确自己的需求点之后，不管是主动认识他人，还是让别人认识我，都更加高效。

第二个挖掘宝藏的方法是情绪陪伴，通过故事和价值观找到同频者。

除了商务合作，在人生成长的路上，我们需要找到愿意跟自己同行的伙伴。这些伙伴陪伴在我们身边，大家相互鼓励，实现情绪培训，这也是社交宝藏。

我在前文提到，我们可以通过在社群里做分享来认识新朋友，也可以把自己的故事分享到更多的媒体平台上。

我从 2014 年开始写作，那时候是给别人写专栏。2016年，我开设了微信公众号。2018 年，我又陆续开设了抖音、微博账号，社交媒体不断在更新，但我们分享的目标不变。

2014 年，我采访了很多女性，出版了人生第一本书，认识了很多优秀的女性创业者。2016 年，我写下了创业路上的感想和感受，吸引了很多伙伴。2019 年，我写下了创业路上的实战心得，招揽了一批学员。截至 2022 年，我已经坚持写作长达 7 年的时间。从一开始的文字到图文，再到短视频和直播，我通过分享自己的故事，建立了自己的个人品牌，实现了自己越来越多的商业目标。

不管在人生的哪个阶段，我们都可以写下当下的故事、价值观和感受，并将其发布在社交媒体上。我们收获的不只是认可自己的同伴，还有愿意跟随自己的读者以及愿意陪伴自己的朋友。

在人生的奋斗路上，正是因为有了众多伙伴的支持，哪怕风雨兼程，也有温情所在。

当然，这是我所定义的社交宝藏。你不妨也思考一下：对你来说，现阶段最重要的社交宝藏是什么？你能够带给别人什么，又期待别人带给你什么？

我想，一千个人有一千种答案。

枫春是野新派的学员。她在传统企业做到管理层，为了照顾孩子选择辞职。后来，她从自己的兴趣爱好入手学习摄影，蜕变为一位专业摄影师，还开设了自己的线上训练营。对枫春而言，认可和鼓励是社交宝藏，有摄影需求的客户也是社交宝藏。

33 也是野新派的学员。她从复旦大学计算机专业本科毕业后，在世界 500 强金融公司工作十余年。从职场小白到金融公司高管，她熟悉女性在职场升级打怪的路径，擅长帮助高净值客户提供投资理财、健康医疗、养老传承服务。对 33 来说，和她有着相似经历的职场女性是社交宝藏，想要找她咨询金融产品的潜在客户更是社交宝藏。

那么，你正处在人生的什么阶段？你能够带给他人什么样的价值？你又想认识什么样的朋友呢？如果你思考清楚了这三个问题，你就拥有了属于自己的社交宝藏。只要罗列清楚，大胆表达，你就可以收获认可与合作，从而挖掘社交宝藏。

第三章

线下社交，
打开人生更多可能性

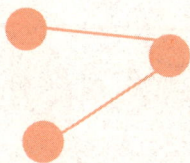

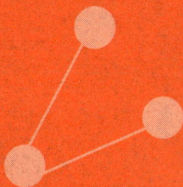

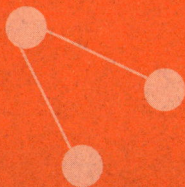

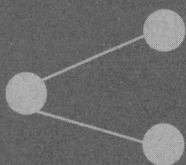

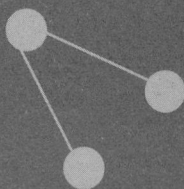

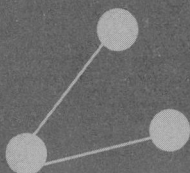

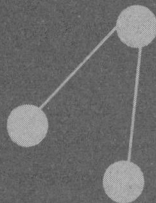

新时代的电梯介绍 30 秒法则

> 不必纠结自己的介绍是否独特或厉害，而是要展现出正确的姿态。
>
> ——牛文

从前，想要认识一个远方的朋友，人们需要跋山涉水；想要沟通，人们需要写信。如今，我们只需要扫一扫对方的微信二维码就可以了，认识一个朋友的时间和成本越来越低。

线上认识新朋友简单直接又容易，但这会带来两个不好的结果。一方面，这会让我们越来越不珍惜认识新朋友的机会，毕竟隔着网络，我们很容易遗忘对方，让对方渐渐成为通讯录上的一个名字；另一方面，因为人和人之间认知的天差地别，同样一句话加了一个表情也会表达出不同的意思，线上的误会比合作多。

在线上同一个时间段，我们可以跟 10 个人聊天，可以一边看电视剧一边回复别人的信息，我们永远都不知道屏幕那头的人是开心还是伤心。

但在线下就不一样，我们能够看到对方的表情，感知对方不一样的变化。人和人的真实触碰，能让沟通更加顺畅。所以，在这个时代，我们要珍惜与他人见面的机会，争取线下交流，保持线上沟通，这样才能让彼此的友情长久。

在线下交流的时候，我们需要准备一份亮眼的"30 秒电梯自我介绍"，这份自我介绍可以帮助你直接让别人了解你。

"30 秒电梯介绍"来源于"30 秒电梯理论"。全球知名的咨询公司麦肯锡曾经为一家重要的大客户做咨询，当咨询结束的时候，客户那边的负责人和麦肯锡的项目负责人在同一个电梯里交流，客户问麦肯锡的项目负责人目前项目的进度和结果，结果因为麦肯锡的项目负责人没有准备充分，来不及在电梯 1 ~ 30 层的运行中把结果说清楚，于是丢失了这家大客户。

从此，麦肯锡要求员工能在最短的时间内把结果表达清楚，并且凡事都归纳在三条之内，这就是在商界流传甚广的"30 秒电梯理论"。

原本这个理论要求的内容是语出惊人、短小精悍和提炼观点，我根据原有的"30 秒电梯理论"调整为"30 秒电梯介绍"，让每个人都可以在短时间内介绍清楚自己。

"30 秒电梯介绍"的内容分别是语出惊人、建立信任与合理匹配价值。

"语出惊人"并不是让我们说出惊世骇俗的观点，而是巧用一些小技巧，让大家记住我们。我们可以从自我介绍中提炼出一些能够让人记住的亮点。

我们要在不扭曲事实的情况下引发对方的好奇心或者制造亮点，让对方想要了解我们。

我在大学念书的时候，曾经在一个场合里介绍自己："我叫牛文，牛是牛顿的牛，文是达尔文的文。"然后大家就记住了我。当然，那时候的我没有亮眼的成绩，只能通过这样的方法让大家记住我。

"建立信任"是很重要又常常被人忽略的一点。我在 20 岁出头刚进入社会的时候，为了让他人信任我，我会主动介绍自己的学校，目的是让别人知道我来自哪里。介绍真实信息，可以增加他人对我们的信任程度。

如今，在自我介绍的时候，我会告诉别人我的文章或者社交媒体账号。在任何场合，对方都可以快速通过手机了解我。这也是一种建立信任的方式。

"合理匹配价值"是我领悟到的一个方法，指的是根据不同场合的人进行不同的自我介绍。

对我来说，参加线下活动要花费不少时间，我希望让自己的时间得到最大限度的有效利用。所以，在参加任何一场活动之前，我都会了解活动的背景和参与者的类型，然后根据自己的判断来思考大家对什么感兴趣，再结合自我介绍进行调整。比如：在互联网大会，我会侧重交流自己的互联网背景；在自媒体行业峰会，我会侧重分享自己在自媒体行业的收获；在创业者的圈子，我会侧重介绍自己创业路上拿到的结果。

每一个人都可以根据不同场合列出标签，从而方便自己使用。

基于"30秒电梯介绍"，我还有一个通用版本的自我介绍。清晰的自我介绍，可以让我们不浪费每一次线下交流的机会，让更多人认识我们、了解我们。

别吝啬自我介绍，也别不好意思，更别因为自己是小白就不愿意自我介绍。自我介绍是社交中的第一层沟通。如果这一层沟通开启了，我们就会慢慢融入社交的氛围。自我介绍是我们对现阶段的梳理，我们不必纠结自我介绍是否独特，重要的是展现出正确的姿态。

我的闺蜜跟我分享过一个故事，她在面试一家500强企业的过程中，得到了一位长辈的建议：在见面的时候，尤其是在商务见面的时候，握手要有力量。

有力量的握手，其实代表着我们在社交中的一种姿态。

除了握手，自信的神情和得体的衣服都能为我们的社交活动加分。

关于社交，最后我想要补充的是，除思考自我介绍外，我们也要花点时间思考自己的社交策略。

我们要先观察自己需要认识什么人，以及对方会出现在哪里。我们要做有准备的社交。

我们还可以通过观察来了解自己舒适的社交氛围。有些人擅长一对一或者小圈子的社交，有些人喜欢热闹或者大范围的聚会。在《吸引：与人成功交流的科学》这本书中，作者瓦妮莎·范·爱德华兹列出了20多个场合，让大家测试自己最喜欢的社交场所，从酒吧、餐厅到董事会、音乐会。只有选择让自己舒适的氛围，我们才可以让自己的出场精力充沛。

这个策略帮助我了解了自己的社交喜好。在自己舒适的场合，从自我介绍开始，再到深入的交流谈话，都能让效率更高。

什么是好的自我介绍？自信第一，内容第二，找到舒适的社交氛围是加分项。希望你从此刻开始，梳理自我介绍，积极去喜欢的地方，结交喜欢的人，遇见喜欢的事。

建立自己的影响力名片

> 从需要让别人了解自己到人人都认
> 识自己，这其实就是我们影响力名片建
> 立的过程。
>
> ——牛文

近几年，我发现，我们用名片的次数越来越少。在很多社交场合，我们不再是互相递名片，而是互相"扫一扫"，备注对方的信息。这远比纸张要方便得多。

这是时代发展而带来的微妙变化。比如，以前我们使用纸质钞票，现在我们使用电子支付；以前我们用纸质发票，现在我们用电子发票。一夜之间，仿佛在社交场合里递名片变成了一件不太入流的事。

回忆一下我的社交场合：大家在递了名片后又加了微

信，回到家中，因为有了微信，名片反倒容易丢失。所以，能让大家拿到名片还不会丢失名片，是一门技术活。

我在线下参加过很多会议、课程，给我印象最深刻的是我参加的一次创业者活动，对方创建了自己的燕窝品牌，在递给我名片的时候，特地提醒我，这是一张价值 100 元的现金优惠券——可以用手机扫码在线上领取打折的燕窝。

当时，我拿着这个名片，被创始人的智慧惊呆了。这张名片不仅仅代表着现金价值，也让我记住了这个品牌，从而成为这个品牌的客户。

对于做生意的人来说，如果想要在社交活动上借助人和人之间的交流，让大家记住自己和产品，那么通过名片让大家最低成本地体验自己的产品和服务，是一个特别棒的办法。

名片是用来传递公司产品、让大家体验产品的信息载体，就像罗伯特·西奥迪尼所著的《影响力》一书提到的小故事那样，如果超市的商人把奶酪放在货柜外面，让客户主动切一块来品尝，超市就可以卖出去更多的奶酪。

品尝奶酪的这个动作，就是在让客人没有成本地体验和加深对产品的印象。如果摆在货架上的产品只有包装和图片，那么我们再怎么凭空想象，也很难体验到其中的美妙滋味。

人和人之间的接触也是如此，我们需要通过一些有趣的方法，让对方能够像吃货架上的奶酪那样增加认识，这样才能让一切更有可能。

刚才我提到的那个把名片当优惠券的朋友名叫苗树，他的品牌名字叫作小仙炖。2016 年，我因为上创业课认识了他，那时候他的公司还处于创业早期阶段。到了 2022 年，小仙炖已经获得了无数明星投资，成为国内数一数二的知名燕窝品牌。

从需要让别人了解自己到人人都认识自己，这其实就是影响力名片建立的过程。

如何建立自己的影响力名片呢？

其中包括一个原则和一个方法。

一个原则，就是阶段性专注和坚持。

阶段性专注，指的是在一段时间内对外展示的印象是统一的。我在之前的文章里提到过，在自我探索阶段到处学习，并不利于自己社交名片的建立。在成年人的世界里，默认的社交规则是，和有稳定职业的人打交道。虽然我们可以做无数件事，但是在对外呈现的过程中，我们要尽可能专注一个领域和方向。

在自己专注的领域，我们不仅能够提高专业属性，更能加深陌生人对我们的信任程度，还能够在不知不觉中建立自己稳定的标签，从而带来潜在的合作可能性。就像我在前文提到的创业者，如果他今天卖燕窝，后天卖健身服，那么我会觉得他对事业不够专注，这种不专注带来的结果就会让他的关键词模糊。一旦关键词模糊了，我们就无法对他产生深刻统一的社交印象。

我发现了这一点之后，便专注做自己的品牌。我希望别人记住我是野新派创始人，足矣。

为什么是阶段性专注呢？因为人很少一辈子只做一份事业。即使我们创业失败或者更换岗位，这也不妨碍我们大方呈现自己新事业、新改变，我们只需要在对外输出的过程中有个过渡即可。

一个方法，就是坚持用正确的方法"晒"自己。

拿我来说，2019 年前，我只是一个自媒体人，但在 2019 年末野新派成立的时候，为了让大家增加对我的了解，我在朋友圈发布了一条消息，详细表达了自己过去的经历：为什么要成立野新派，以及未来想做什么。

这就是一条过渡信息，预示着自己从自媒体人转变为创业公司 CEO（首席执行官）。从那一刻开始，我弱化了媒体人的形象，开始强化输出与创业相关的信息。

用"官宣"的方式，也许有些隆重，但对我来说，这是建立影响力名片的重要一步，可以让周围人知道我多了一个身份。

坚持用正确的方法"晒"自己，指的是我们能够不断坚持分享自己行业的信息、看法和思考。近几年，创业圈子里说，"每个 CEO 都应该有自己的社交媒体"。每个人都应该为自己的公司、产品代言，通过自己的观点去影响更多人。

不管是学生、职场小白还是创业者，都可以坚持在社交媒体平台上输出自己的想法。一方面，这是对成长的复盘；另一方面，这可以增加自己的影响力。

如果实在不愿意写大段的文字或者不习惯面对镜头拍摄短视频，那么我们不妨从朋友圈开始。我们可以把朋友圈当博客，定期分享事业上的点滴进步。小仙炖的创始人苗树，在朋友圈里每天发有关自己品牌的信息，比如小仙炖进驻哪个商场，又多了几位明星客户，燕窝行业的看法，等等。我现在对他的印象就是"卖燕窝的好男人"。

名片是传递信息的载体，影响力名片是我们日积月累的个人品牌。我们不妨先从名片出发，传递清晰的自我价值，再不断提升专业实力。

评估时间成本

> 能见面的都是真爱。
>
> ——牛文

时间是最公平的，每个人每一天都只能拥有 24 小时。同样的时间内，我们选择用来做什么，决定了我们是谁。在北上广这样高速发展的城市，人们工作和生活的节奏快，区和区之间的距离远，大家都在拼命奋斗。所以，在北上广有这么一句玩笑话，叫作"能见面的都是真爱"。

一般情况下，一个人出门看电影，从打车到电影院，到看完一场电影，再到打车回家，最多需要三个半小时。但如果在北上广约一个朋友一起看电影，双方就要先吃顿晚饭，再看场电影，说不定其中一方还需要送另外一方回家，前后至少需要六个小时，万一再碰上堵车，那更了不得，搞不好要花费一天的时间。

有些互联网公司实施"996"工作制，员工一周要上六天班，那剩下的唯一一天到底做什么呢？与家人、朋友在一起，还是跟客户吃饭？时间花在哪里，成为一道选择题。除了陪伴家人、朋友外，如果我们想要提高工作效率、产生更多合作机会，那么我们的确需要好好思考我们到底想要见谁，以及想要花多少时间见我们想见的人。

时间成本，就是指把同样的时间花在不同事情上产出的不同结果。同样都是 24 小时，有些人高效看书、学习、谈合作，向自己心中的理想靠拢，而有些人毫无目标，在打游戏、看八卦中度日。

评估时间成本的本质是评估机会成本。在同一个时间内，我们可以选择看书、写作，也可以选择见一个合作伙伴。如果选择看书，那么我们可能写出一篇价值上万元的文章。如果选择见一个合作伙伴，那么我们有可能谈成一单价值 10 万元的合作。选择一个就要放弃另外一个，不同的选择带来的是不同的机会，这就是机会成本。

时间花在高效、有价值的事情上，才能让人生之路越来越顺畅。那么，我们如何评估时间成本呢？

首先，我们需要评估自己全天最高效的时间是什么时候。

商业社群顾问"剽悍一只猫"说过，他全天最高效的时间是在晚上。试想一下，如果一个身价不菲的人一晚上可以处理无数公司事务，产生上千万元的价值，那么他在晚上会随便出去社交吗？

答案肯定是不会轻易出去。

我受到了极大的启发，开始记录自己的时间效率。我发现，我效率最高的时间段分别为早上的 9 点到 11 点和晚上的 8 点到 10 点。所以，在这两个时间段，我都会处理当天最重要的工作。

你也不妨按照这个方法，记录自己的全天工作，找到最高效的时间段，在每一场社交活动中，根据重要性来选择时间。

其次，我们要为自己的时间估个价。

线下的社交活动，不仅仅需要见面，还有交通成本，女生还会多出一个化妆成本。网上有一个段子：如果一个女孩愿意洗了头发、化了妆、戴了隐形眼镜跟你见面，那么她跟你一定是"真爱"。因为每个女孩的粉底、口红、隐形眼镜加在一起，可是不小的开支。

玩笑归玩笑，其实这也透露出了女生在线下见面时付出的隐性成本。

我们可以问自己几个问题：

别人愿意为我的专业能力付费多少？

有多少人曾为我的专业能力付费？

我能为对方创造多大的价值？

举个例子，我现阶段的专业能力是擅长提供个人品牌相关的咨询，尤其是在抖音、小红书上知道如何帮助大家吸引到精准客户。过去三年，我累计服务过 3500 多个创业者和职场人，深度操盘过十多个上市公司企业家在抖音、小红书平台上涨粉变现和实现线上转型。我能够根据不同人的个人品牌情况制订现阶段的规划，给对方提供新媒体建议，并且可以解决对方个性化的问题。

我不断在实战中积累自己的专业能力，创办了野新派后，系统化地教大家打造个人品牌的方法。上课的学员越来越多，有效果的学员也越来越多。

大家买的正是我和团队的专业价值。2019 年，我一直在研发课件和辅导学员，每天晚上和学员打电话。因此，我也拒绝了大多数社交活动。

当我们的时间有了价格，我们自然就会珍惜自己的时间。身价越高的人，越珍惜自己的时间，更不会盲目社交。

最后，我们要为自己的每一次社交做足准备。

关于这一点，我是跟我的一位北京朋友邱玉梅学到的。2019 年 12 月，我在北京出席一场论坛活动。午饭时间，邱玉梅约我吃饭。她选择了离我活动场地走路不到十分钟的酒店，然后提前半小时把菜单微信拍照发给我。

到了酒店，菜刚好端上来。因为天冷，她让服务员准备了一杯温水给我焐手。在聊天过程中，她还打开了自己的笔记本，列下了要问我的几个问题。于是，我们一边吃饭，一边探讨罗列好的问题清单。在这短短的一个半小时内，我觉得既轻松又高效。

从那之后，我领悟到，高质量的社交通常都是有目标、有准备的。

在一场社交活动之前，我们需要准备很多细节。

一是社交活动的准备细节：提前跟对方确定地点，查询好过去路程所消耗的时间，根据自己的时间制订不同的出行计划，提前打电话确定地点是否营业，甚至确认对方的饮食喜好。

二是社交活动的自我准备细节：带着什么样的目的参加活动，想要认识谁，是否提前查阅好了对方的资料，是否想要请教对方问题，是否根据见面时间罗列出自己的问题。

　　这些都是不经意的细节。只有准备好这些细节，我们才能不枉费每一次见面的机会，才能让每一次社交更加高效。

　　现在，野新派在组织活动的时候会不断地完善这些细节，提前确定每个人的饮食偏好，告诉大家活动的地点和时间，绘制出"小地图"，告诉大家课程与活动的具体时间。其中，课程很重要，活动环节次重要，大家可以根据时间表自行安排。

　　如果有了清晰的时间，并且根据每场活动中的环节罗列好活动重要性，我们就可以让每个人的时间高效运转。

　　在看完这篇文章，如果你对时间有了整体的概念，那么我相信你从此刻开始，就会有珍惜自己和别人时间的意识。自从拥有这样的意识，我就更加清楚地知道如何选择一场社交活动，以及如何更好地尊重他人。

　　最后我要说的是，尽管我们总是强调社交活动的高效，但是在友情、亲情、爱情上，我们千万不要吝啬时间。所有的相处都是由时间构成的，在陪伴朋友、亲人、爱人的时候，我们可以忘记时间，把手机"扔"远点。

希望你跟时间做朋友，拥有高效社交和美好的亲密关系。

拥有形象记忆点，
让你的出场闪闪发光

> 制造你的形象符号，极致闪耀
> 自己。
>
> ——牛文

有一部叫作《了不起的麦瑟尔夫人》的美剧：20 世纪五六十年代，女主人麦瑟尔夫人原本是家中阔太，无奈遭遇丈夫出轨，后来选择勇敢返回职场，从店铺销售开始，再到追寻自己的梦想，最终活出了自我。

在这部剧里，麦瑟尔夫人的形象给我留下了比剧情更深刻的印象。从时代背景上看，20 世纪五六十年代是美国时装发展史上的黄金年代。那时，第二次世界大战刚刚结束，女性开始大胆追求美，从宽松的工装风转为有女性曲线的精致着装，她完美地呈现了那个时代的女性之美。

麦瑟尔夫人总是穿着明亮的套装（桃红色、青绿色或橙红色）以及收腰设计、挺阔的裙子，配上她的卷发和红唇，塑造了一个对生活有追求的独立女性形象。

麦瑟尔夫人的形象加深了观众对这个角色的理解，这就是形象记忆点。提到这部剧，我们自然而然就联想到了她优雅的着装。她的穿衣搭配，也让这部剧更加受到追捧。所以，好的形象记忆点，可以让我们在社交活动和对外展示过程中赢在第一眼上。

形象记忆点可以让我们的个人品牌更加闪亮。

我的朋友陈颖霞在香港创办了自己的公关公司，专注于为客户品牌提供营销服务。为了能够快速打开市场，她经常参加一些品牌的线下活动。每次出席活动的时候，她都是统一的"黑发红唇"。为了加深外人对她的印象，她又把自己的微信头像改成了红色背景，妆容仍然是"黑发红唇"。

久而久之，陈颖霞的"黑发红唇"成为深入人心的形象符号。之前的文章提到，当拥有个人品牌的时候，我们可以开启高价值的轻松社交。其实，形象就是个人品牌中加持的一部分。就像陈颖霞一样，也许在香港做品牌营销的公司有很多，但是"黑发红唇"的陈颖霞只有一位。

伴随着这个独特形象符号的一次次传递，每当人们提到品牌营销的时候，陈颖霞的形象就会浮现在大家的脑海中，"要做品牌营销，可以找那个'黑发红唇'的女孩呀"。当这句话从别人口中说出的时候，她就靠形象符号占领了他人的心智，从而为自己带来生意。

形象记忆点也会让线上社交更加高效。

有一回，我的朋友指着一个人的微博账号问我：这个女孩每天发的视频内容并没有什么特别的，为什么她这么受欢迎？"

我和朋友分享了我的感受："我觉得这个女孩不仅定位好，而且服装造型也很有特点。"

我刚好认识这个女孩，她在小红书上的名字是"就是cathy 啊"，她曾就职于 500 强公司的市场部，常年定居美国洛杉矶，主要是以分享职场成长心得和穿搭为主。

　　从她发布的视频里，我们可以看出她很纤细，拥有鹅蛋脸和丹凤眼。每次拍摄视频，她都以体现线条为主，要么是露出纤细的肩膀，要不然就是穿着修饰线条的连衣裙。她总是露出洁白的牙齿，给人阳光灿烂的感觉，似乎这就是"500强小姐姐"的样子，让人对她的生活充满了向往。

　　她的穿搭、妆容和视觉形象，其实就是她在线上与别人的最大差异。形象和身份的高度匹配，也让我们不知不觉间记住了她"500强小姐姐"的身份。谁能拒绝这样一个笑容灿烂的女孩呢？

　　她在网络上通过符合自己身份的穿搭获取了大量关注。既然我们可以通过网络认识新朋友，我们就不应该浪费在线上展示自我的机会。我们可以在线上呈现自己有特色的形象，加深别人对自己的认识，这也是一种高效社交的方法。

　　在跟人打交道的过程中，不管是线上还是线下，我们的核心目标都是通过各种各样的关键点加深别人对我们的认识，形象则是直观的一个关键点。

　　我们的外在形象，绝非让我们呈现出服饰华丽或者昂贵的感觉，而是制造属于我们自己的形象符号。这些符号符合我们的职业、性格，具有统一性，能够加深别人对我们的认识，以及让我们的个人品牌脱颖而出。

挖掘自己的形象特色，是需要自我探索的。我总结了三条形象自我探索的要点。

第一点是了解脸型和身材特征。我认为，人无须完美，只需发挥特色。比如，我是典型的梨形身材（上半身瘦，下半身胖），所以我的服装统一遵从上半身修身、下半身宽松的原则。不管是出席活动还是录制视频，我都会穿着这一类型的服装。

扬长避短是第一点的关键。

第二点是思考自己的职业属性。我是媒体人，同时写书、教课，也许我私下里也会尝试朋克、可爱的衣着风格，但是只要拍照或者出席活动，我还是会以休闲商务为主。衣服合适比华丽更重要。

符合自己的身份是第二点的关键。

第三点是思考自己想要传递的感觉。作为一个创业者，我希望时时刻刻给别人传递自信的感觉。因为职业的关系，我平时需要进行大量的视频拍摄工作。不管我私下有多么疲倦，但是只要镜头一打开，我还是会自信满满地面对大家。我不会在公开场合过多情绪化，传递自信才能有利于自我和公司的不断成长。

传递有利于自己职业的感觉是第三点的核心。

除此之外，我还为自己的所有视频形象设置了统一的颜色。这可以给人稳定和统一的视觉形象，也可以传递属于我的颜色。

看完这篇文章，你不妨也思考一下，如何打造自己的形象记忆点，从而让他人在社交中更容易记住你、更愿意接近你？

愿我们都可以极致闪耀自己的人生。

跨界社交，为人生带来更多可能

> 跨界社交，打破圈层，体验世界的
> 千层滋味。
>
> ——牛文

　　有一种蛋糕叫作"千层蛋糕"，如果你在吃蛋糕的时候拿一根牙签戳下去，那么一根牙签便可以穿破蛋糕的每一层，直到最底部。

　　在我看来，这个世界就像千层蛋糕一样，有着层层滋味，而人与人的接触可以让我们品尝到不同的味道。想要极致地探索世界、体验不一样的人生经历，最好的方法就是让自己有一门过硬的专业技能。专业技能是我们体验世界的"牙签"。有了一技之长，我们就可以把所有的能量集中在一点，打破行业的阻碍，跨行业认识高手，从而在碰撞中领会有趣有料的人生。

很多人认为，自己在本行业做得挺好，为什么要跨界呢？

我曾经为一家硅谷的科技媒体写稿，并且因此跟硅谷产生了连接。

硅谷是美国加州的一片区域，也是全球高科技的聚集地，知名的斯坦福大学就在那里。当我去了美国，我就在思考，我这样一个跟科技不着边的女生，到底如何能够跟硅谷产生联系。

我把这个想法埋在心里，然后开始在网上找机会，无意之中发现了一个中国人在硅谷创业的项目。他们在硅谷创办了一家科技媒体，处于初创期，并且正在招募兼职的专栏作家。我当时的第一反应是，投简历试试看，不懂可以学。

就这样，我制作了一份简历，并主动联系对方。我告诉他们，"我擅长写作，热爱学习，愿意在这个岗位尝试，也不需要钱"。

这家新创办的媒体缺少具有写作技能的人，而我刚好有时间、有技能，于是就成为这家硅谷科技媒体的专栏作家。在写科技专栏的过程中，公司创始人非常耐心地与我分享硅谷的各种科技产品。我负责用通俗易懂的表达方式把复杂的科技产品写出来。

在接触到硅谷科技媒体之后，我打开了自己的眼界。我第一次意识到科技在生活中所起到的作用，我们身边的很多品牌和产品都运用到了科技，是科技让我们的生活变得更加美好和便捷。

后来，我连续两年跟随这家媒体参加了美国拉斯维加斯的 CES（美国国际消费电子展）。在这个展览上，我见到了来自全球的高科技产品，比如帮助人们不打呼噜的床垫、可以自动打印照片的美甲设备、根据皮肤颜色定制的粉底液等。从 2014 年到 2020 年，那些原本只是摆在展览中的产品，很多已经面世并被大家使用，我仿佛见证了科技的发展。这种视野带给我的兴奋感是无与伦比的。

通过跨界，我扩展了自己的影响力。在写科技专栏的那一年，我在纽约采访各行各业的女性，并撰写女性成长故事。在接触大量女性的过程中，我经常能够捕捉到她们在生活里的不同需求。我记得当年有个女孩就跟我抱怨过，由于她跟男朋友异地恋，所以她很希望有一个软件可以随时随地打电话和发消息。

我记录下了这些女孩的需求。每次在硅谷科技媒体写作的时候，我都会附带一些想法。

写作的跨界带给我很多事业上的收获。

近几年，我通过写作撰写图书，收获了读者；通过写作撰写课程，收获了学员；通过写作撰写脚本和拍摄视频，收获了观众。正是写作在各个行业的积累和运用，让我创立自己的品牌野新派，让我从媒体人跨界成为教育工作者。

我利用专业能力进行多行业的跨界，打开了人生新的视角，增加了影响力，也收获了新事业。对我来说，写作就是社交以及事业发展过程中的杠杆。只要专业程度过硬，专业就会像"牙签"一样，精准又有力量地带我们去想去的世界。我相信任何人的专业都是可以跨界运用的。这种跨界应用能让我们不局限于职业、年龄、身份的障碍，可以带给我们无数意想不到的惊喜。

接下来，我们需要找到自己的专业"牙签"，从而走上跨界之路。

第一步，找到专业价值或者一技之长。

我们的专业价值或者一技之长，不一定是传统的"琴棋书画"或者"数理化"，也有可能是主业、副业或者业余爱好。主业就是我们目前从事的工作，副业就是我们职业之外拿到结果并且赚到钱的事，业余爱好就是我们业余时间投入最多的一件事，比如健身、写作、唱歌、看剧。

第二步，根据专业或者特点，跨界匹配感兴趣的行业。

每个人的专业或许不同，但我相信，每个人的专业都可以延展很多行业。比如，我就一直在观察写作能够匹配哪些行业，或者说写作在哪些行业的什么岗位起到了重要的作用。

我的一位摄影师朋友，一开始拍静物，后来尝试拍人物，再后来跨界进入旅游行业，成为一名旅游博主。当我们勇敢踏出现在的工作圈，我们就会收获生活带来全新馈赠。

第三步，大胆地跨界交流。

当我们完成了以上两个步骤，找到了自己的专业"牙签"，接下来就可以勇敢地跨界交流。我们可以尝试跟各行各业的人打交道，看看自己是否有能力去匹配这些不同的行业。我们或许能从中找到新的合作机会，从而碰撞出新的想法和火花。

不禁锢思想，不局限行业，当我们能够打开自己的心，积极地去跟这个世界对话的时候，我们的社交将会更加具有价值。希望从此刻开始，每个人都可以成为一个主动出击的人，从而体验世界的千层滋味吧！

跨界社交的正确打开方式

> 跨界社交，让人生多了不少意外收获。
>
> ——牛文

除了通过自己的专业领域跨界之外，我也一直热衷于跨界学习。对我来说，跨界思维就是不断打破原有行业和领域的认知，通过认知升级来不断迭代自己。

首先，带着好奇去跨界。2014 年，我突发奇想，想要接触各行各业的人和事。那时，我采访了美国非传统领域的优秀女性，比如打魔兽争霸拿到全球冠军的女孩、做制片人的学生等等。

我从学生跨界成为一个自由撰稿人，得益于采访。这些女性的人生让我大开眼界，甚至影响了我的人生轨迹，让我重新开始思考自己的人生方向。

其次，带着学习心去跨界。我特别喜欢上各类课程。我上过不同的商学院。在商学院里，我认识了来自天南海北的生意人，他们总是带给我新的思考和感受。我还迷上了营养学，想要加强自己对健康的了解。

每一次跨界社交，都可以带给我全新的体验和感受。这不仅是一个认识新朋友的过程，也是一个拓宽眼界的过程。

对于我来说，视野的开拓、赚到钱的甜头以及对这个世界重新思考的方式，都得益于跨界社交。所以，我后来不断地跟朋友分享，要大胆跨界，要结交其他行业里的朋友。不管是职场人、创业人还是宝妈，都可以通过跨界社交来获得自我成长和提升。接下来，我想跟大家分享怎样正确地跨界社交。

第一点是关注自己想从事却没有机会从事的领域。

最好的跨界，一定是基于兴趣的。除了工作之外，我们应该有自己一直坚持的爱好。跨界社交的第一选择，就是自己最感兴趣的行业。兴趣会帮助我们跨越种种障碍，让我们快速融入和自主学习。同时，跨界进入自己喜欢的领域，可以增强自己的竞争力。

试想一下，原本你是一个做市场销售的人，如今跨界学习了健康美食，那么你可能就是市场销售里最懂健康美食的，以及健康美食领域里最懂市场销售的。

竞争力来源于跨界社交和学习。

第二点是拜访跨领域的牛人。

当想要开始跨界的时候，直接去拜访跨领域的牛人是最简单直接的方式。

在筹备野新派的过程中，我自掏腰包花费了数十万元去拜访知识付费领域的牛人，也亲自花钱去上了各种各样的课程。

学习别人的经验加上体验别人的服务，让我对新行业有了一定的了解和认知，从而帮助我把品牌做得更好。

第三点是小成本尝试跨界。

当跨行业想做一件事的时候，我们不要着急，可以小范围地尝试。

　　创办野新派之后，我非常愿意跟大家深入聊天交流。每一次交流，都能让我更加深入地了解新行业。这也算是一种新的跨界方式。

　　我甚至在思考根据学员的行业进行分类，根据不同行业打造不同行业的个人品牌，这样可以让学员更加深度地学习到个人品牌。这就是跨界社交带给我的新思考和新想法。

　　跨界社交，本质是对这个世界信息量的广泛吸收。信息被吸收之后，又会让我们产生新的思考，让我们可以在思考层面不断突破职业、岗位、思维的限制，甚至可以创造出颠覆性的改变和成绩。

　　宋三土是我的闺蜜，也是一个年轻艺术家，她总是可以创造出很多先锋大胆的艺术作品。她从艺术行业跨界到化妆品领域和零售领域，不仅将自己的艺术作品印在眼影、口红这些彩妆的盒子上，还把自己的作品印在线下店铺的墙上、酒瓶上。她把自己的艺术融入了品牌和店铺，不仅通过自己的艺术作品赚到很多钱，还通过跨界让自己的名气大涨。

有能力跨界是本事，有勇气跨界是突破。正是在一次又一次大胆的自我突破中，我们打破了职业限制，颠覆了原有行业。这些都是跨界带来的。

从此刻出发，去我们想去的地方看一看，思想的翅膀会越来越有力量，事业的方向也有可能越来越有光芒。

见面后的"小心机"

> 在人和人的交往中，只有用心、真
> 诚又主动向前一步，故事才会发生。
>
> ——牛文

人和人之间的深度连接，未必是当下的一次见面，还会
发生在日后的接触中。

2019 年末，我受邀前往北京参加了 Lean in 组织的一场
论坛。在这场论坛上，我认识了邱玉梅。

那是一个凛冽的冬天，我穿着单薄的西服在论坛上发
言。我刚下论坛，进入嘉宾等候区，她便给我递了一杯热
水。我从聊天中得知，她就职于某个投资机构。

论坛结束后，我们加了微信匆匆告别。

之后，她主动发了几份跟我行业相关的报告给我。因为这几份报告，我们有了交集。

她让我感受到，人和人之间没有目的的真诚和惦记很重要。

后来，我又去北京出差。在一个活动的中途，我们两个人吃了一顿午饭。

由于我只有一个半小时的午饭时间，邱玉梅比我们约定的时间提前半小时到达餐厅，把餐厅的菜单以图片形式传给了我，方便我选择自己喜欢的食物。

到了餐厅之后，她为我准备了一杯温水，还为我准备了维生素 C 和咖啡。在聊天过程中，她准备了一张问题清单。一个半小时的时间内，我们交流了彼此的情况，探讨了对行业的看法。

她让我知道，见面后的"小心思"可以增加人和人之间的温度。

后来，我们经常交流工作和生活，我还在她的推荐下促成了一单新的合作。从初次见面的用心到日常交流的认真，以及后来一起共事的严谨和走心，她是我生活里一个非常暖心的朋友。

在成年人的世界里，朋友越来越难交，人们很少再愿意花时间和别人掏心掏肺，身边的人大多是工作往来。伴随着工作变换，我们跟周围人的关系变淡了很多。

我们可能添加了很多好友，但是真正跟自己聊过天的没几个。我从邱玉梅身上学到的是，要想推进人和人之间的关系，别让交流停止在初次见面或是添加好友的那一天，而是主动交流。

那么，在见面后，还有哪些事情可以增进人和人之间的感情？

一是能够记住对方的信息。

野新派的学员在上课之前都会填一张表单，上面有学员的基本信息，比如年龄、职业、地区和近况。我会让同事把这些信息整理出来，并且把这些信息放在微信的备忘录里。

在跟学员日常聊天过程中，我会实时将他们的近况更新在备忘录里，根据大家的信息来聊天，从而让大家感受到我们的真诚和用心。

在日常生活里，不管在哪里遇见新朋友，我都会将聊天过程中对方提到的自己的信息记录下来。也许你见的人很多，可能会忘记对方的名字和信息，但是用微信备注一下就不会忘了。

在沟通过程中，及时备注他人信息，可以让我们有话可以聊，还会让彼此的感情更进一步。

二是准备一张礼品清单。

在社会上，能够帮助你、关心你的人并不多。有句话说，"不帮是本分，帮忙是情分"，这正是人和人之间关系的微妙之处。

在我的人际关系名单里，有一份感恩清单，我记下了跟我见面后帮过忙的朋友。我对帮忙的定义是宽泛的，有时候是对方几句话的点拨，让我不再困惑；有时候是对方主动为我介绍合作伙伴，合作成功与否不重要，能为我介绍合作伙伴就表示他对我的认可；有时候是对方主动为我发朋友圈宣传。宣传的结果不重要，重要的是对方主动为我做的这件事。

在我的生命中，帮过我的人有很多，有些是德高望重的前辈，有些是身边的朋友。我会不定时地跟他们联系。

三是积极交流，主动撮合朋友之间互相合作。

对于人和人之间的关系，不主动可能就永远没有碰撞。所以，我不定时会找朋友们聊聊天，有时候还会积极给朋友们介绍资源。

邱玉梅知道我在做教育，便主动介绍了知识付费平台的负责人给我，让我去跟进交流，从而让我加深了对这个行业的认识和理解。

根据观察，她做了自己的判断，并且大方地把她的资源分享给我。这也是我从她身上学会的。

我把她的处理方式用在了野新派里，积极撮合学员之间的合作，让学员之间的关系更加紧密。当你成为多个合作中的介绍人时，你就会成为他们中的关键人物。这不仅能够加深朋友对你的认识，更能够让你成为大家心目中不可或缺的存在。

在人和人的交往中，只要我们能够用心、真诚又主动向前一步，故事就会发生。所以，不如从今天起，主动问候身边的朋友，积极交流彼此的信息，让人际关系从你这里流动起来。

第四章

人来人往，
那些别人不说的社交秘密

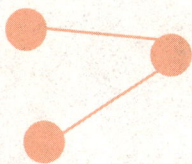

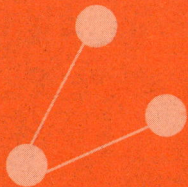

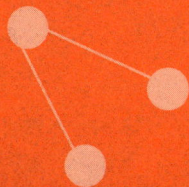

中国式社交关系

> 人和人的关系不是远和近，而是流动。
>
> ——牛文

在成长过程中，我曾经非常困惑的一件事是，为什么很多朋友走着走着就散了。人越长大，越意识到维持一段关系也需要付出精力。那么，我们如何看待身边人的来来往往呢？

直到最近，我慢慢顿悟，原来人和人的关系不是远和近，而是流动。

第一层原因是，我们在成长。所以，在不同人生状态下陪你走的人是不一样的。

　　我遇到过很多人，后来他们渐渐淡出我的生活，这让我有点失落。直到后来我才意识到，人和人的关系本来就是一阵一阵的。伴随着成长的不同阶段，我们会遇到不同的人，经历不同的事。如果他们只出现在我们生命里一阵子，那么不用沮丧，也许未来你们会相逢在其他地方。

　　我们身边的人也许短时间内不再与我们那么紧密地联系，但是只要出现在生命里，那就是一道风景线，无须太在意远和近。

　　我们只管往自己想去的方向奔跑，总有一天，那些也在奔跑的人会在其他赛道和我们相见。

　　第二层原因是我们身上的角色在变化。长大之后，我们每个人身上都兼具多重身份。拿我自己来说，我是媒体人、创业者、博主，也是别人的合作伙伴、朋友的闺蜜、爸妈的女儿，未来还会是母亲，等等。

　　每个人都有不同的角色，所以不同角色要有不同的态度和处世方式。

　　前段时间，我的闺蜜来帮我参谋拍短视频。她来到我家后，把我的沙发、柜子全部挪了位置，霸气十足地让我坐在那里听她指导。

她在短视频行业是经验丰富的从业者，看了我以前拍的视频，她一顿批评。我按照她的方式，改了背景，换了说话方式。她拿着相机，亲自指导我拍摄视频。

原本温柔可人的闺蜜，一到工作状态，异常凶猛，一个劲地说我表情不对、眼神不好、语气不够自信，一条视频拍摄了十几条。我委屈巴巴地说："我们能不能不拍了？你太凶了，我有点不习惯。"

闺蜜放下设备，回复我："不拍摄，我们就是闺蜜；拿起相机，我们就是工作伙伴。在这个方面，我是专业的，我对你严格是对你负责。嘻嘻哈哈出不了成绩，反而更浪费时间。"

她的这番话点醒了我：哪怕跟同一个人相处，我们都会在不同角色切换，进入不同角色，自然有不同的相处模式。朋友需要贴心，工作需要严肃。不同角色下的我们有不同的为人处世方式和态度。

因为角色不同，我们需要在不同的身份中切换。我在讲课的时候是严肃的，跟学员说真话才能踏踏实实带领大家进步。我做媒体人的时候是客观的、温暖的，传递力量，影响更多人。我在爸妈面前是可爱、调皮的，做个乖女儿让他们开开心心才是正经事。面对不同的身份，人和人的关系是不同的。而面对同一个人，我们也需要在不同身份中切换。我跟闺蜜相处的时候是温柔的，但是我如果跟闺蜜产生了工作交集，就要严肃谨慎地对待。

常有人说，夫妻创业难。夫妻本应该是温柔以待，然而商业是非常残酷的，双方难免争得面红耳赤。两个人在不同角色里不断切换，很容易造成"在家摆领导架子，在公司撒娇卖萌"，彼此处理关系的难度可想而知。

正是因为我们身兼多重角色，又要跟这么多复杂的角色打交道，人和人的关系才会处于流动的状态。

伴随着成长的不同阶段，我们会慢慢释怀那些渐渐远离的关系，也会渐渐深入了解人和人之间角色的不同，从而真诚地对待每一段关系。人生风雨兼程，我们需要感恩出现在生命里的每一个人，既然能相约走一段路程，就让这段路尽可能地闪耀和精彩吧！

不喜欢一个人，
有必要跟他打交道吗?

你有社交韧性吗?

——牛文

当看到本节标题的时候，你的第一反应是什么？不喜欢一个人，当然不打交道，这有什么好思考的。但是，你身边的每一个人——老板、同事、合作方等，你真的都喜欢他们吗？

如果你的答案是"喜欢"，那么恭喜你，你生活在幸福的人际关系中；如果你的答案是"不喜欢"，那么我相信这篇文章会带给你新的启发。

其实，"喜欢"也是要分场景的。

如果你在谈恋爱或者交朋友，那么你完全可以根据个人喜好进行选择。毕竟，我们每一个人都有选择自己圈子的权利。如果你在职场工作或者做生意，那么你一定会接触越来越多的人。坦白说，我们接触的人越多，就越会发现，我们很难发自内心喜欢每一个人。如果凭借自己的喜好来进行生意上的合作，这会对自己造成损失。所以，我们来聊聊，在社交场合中，什么时候该扔掉所谓的"喜欢"。

别让"不喜欢"阻碍目标的达成。

我们每个人在社交中都是带着目标的。在目标明确之后，我们就会客观看待"喜欢"这件事。

我的一位女性朋友之前接触了一个客户，这个客户有点"大男子主义"，每次见面谈事情都会摆出一副"唯我独尊"的样子，所以每次她都非常不耐烦，甚至一度上升到不想见客户的状态，躲避是常态。

我告诉她，你的目标是达成这一单合作，你只管做自己的事情就好，你又不是跟客户谈恋爱、过日子，根本没必要计较这件事。与其逃避，不如直面对方，展现实力。

闺蜜努力克服了自己的吐槽，准备好了方案，最终达成合作。在商务社交中，合作讲究的是共赢，而不是互相喜欢。既然要达成目标，我们就要克服以情绪驱动的心理状态。我们不要用自己的喜好判断别人，也别让喜好拦截自己的上升之路。不过，在日常生活里，喜欢很重要，毕竟工作已经那么辛苦，我们值得跟自己喜欢的人在一起。

你是情绪驱动还是目标驱动？

《我只用心做自己》这本书中提到一个小故事。邓文迪在星空卫视实习时，意识到女性之所以在职场中得不到提拔，不是因为能力不行，而是因为不懂得推销自己。她信奉的生存哲学是，"只有别人发现了我的存在，我的存在才是有价值的"。不同于其他女性职员的低调，她一直在主动推销自己。当还是一个实习生的时候，邓文迪就会主动走进重要人物的办公室介绍自己，甚至在一位领导来公司的时候，她以实习生的身份从后面抓住了别人的辫子，积极地打招呼，而这个领导也意外地没有生气。

她这样大胆的行为是很容易遭受非议的，也非常容易不被人喜欢。但是，她的的确确达到了自己的目标，那就是建立了自己的个人标签，让更多人记住了她，从而在职场里脱颖而出。

这就是目标导向带来的自我改变。当有了明确的目标，一方面，我们可以不再介意自己是否喜欢合作伙伴或者上司；另一方面，我们可以不那么在意别人喜不喜欢自己。毕竟，在生意和职场社交里，目标大于情绪。

目标驱动的人，不容易被情绪带偏节奏，不会用喜好作为判断他人的标准，能够直奔主题，达到目标；而情感驱动的人，容易被喜欢误导了社交的方向，从而丢失一部分社交可能性。

不管是目标驱动还是情绪驱动，我们还要知道的一点是，目标驱动的人割舍了自己的情绪，情绪驱动的人割舍了自己的利益。你觉得自己属于哪一类？

社交韧性，指的就是我们是否能够包容和我们价值观不一致的人。韧性越高，收获越大。

过去几年，我会跟形形色色的人打交道。价值观不和的人，也许他的专业能力值得拜访；专业能力不强的人，也许他的为人值得学习。每个人身上都或多或少有闪光点。有时候，所谓的"喜欢"是一种障眼法，会屏蔽掉真正好的关系。当充分打开内心，我们就会发现，有社交韧性的人，会收获更多。

我们可以思考自己喜欢或者不喜欢一个人的标准，问问自己是否有必要打破这些标准？试着接纳与自己价值观不一致的人，从其他维度思考对方有没有值得学习和合作的地方。

我们可以了解对方的专业背景，从专业或者其他方面发现对方的闪光点和实力。我坚信每个人身上都有优点。比如，声音好听、唱歌好听、会泡一杯好喝的咖啡，这些都是优点。

发现他人的优点，会让社交变得更加美好，也会让自己充满更多的善意。

我们也可以用同理心看问题。任何事物的正反面都可能有它的道理，与其抱怨，我们不如站在对方角度看问题。我认为，我们不仅要站在对方角度，还要从合作层面思考社交的前提。如果以商务合作的目标为前提，我们不仅要放下自己单方面"是否喜欢"的情绪，还要以合作为重，帮助对方想问题，这样才可以让社交达成自己想要的目标。

"人一上百，形形色色"，愿我们都可以在日常生活里跟爱的人打交道，在生意和职场上跟对的人打交道。

人有必要合群吗？

> 合群没有对错之分，只要我们清楚
> 地知道自己的得与失。
>
> ——牛文

关于人是否要合群，我们可能听过无数声音。有人说，"俄罗斯方块告诉我们，一旦合群你就消失了"。

《乌合之众》这本书里提到，人一到群体中，智商就严重降低，为了获得认同，个体愿意抛弃是非，用智商去换取那份让人备感安全的归属感。

关于合群，近几年流行的一种态度是倡导人们不必合群，独处价值最大。而我的观点是，是否合群，取决于我们是否了解自己，以及明确社交选择后带来的利与弊。

为了做好事业，积极合群

凯萨琳·格雷厄姆是美国传媒业具有影响力的人物，曾经是《华盛顿邮报》的发行人，也是一位极其内向的家庭主妇。

她出生于 19 世纪初，名门之后，从小到大都乖巧听话，结了婚顺理成章成为家庭主妇，围绕在丈夫身边。

在那个女性企业家还不太被社会接受的时代下，凯瑟琳的父亲买下《华盛顿邮报》这家报社，并让凯瑟琳的丈夫成为这家报社的接班人。正当这个报业集团的发展蒸蒸日上的时候，凯瑟琳的丈夫因为长期操劳得了狂躁症，公开出轨，最后因疾病缠身去世。

凯瑟琳背负着伤痛和对家族的使命感，担负起运营《华盛顿邮报》的责任，并且为了自己的事业和责任开启了自己的"合群"之旅。她从克服心理上的恐惧开始，从惧怕演讲到主动演讲，以女性企业家的身份出席了各种几乎只有男性成员的活动。

更值得一提的是，她在任期间与美国许多政治人物都保持友好关系，但是在新闻报道上依然坚持"追求真相"的原则，通过报纸主动揭发多起政治丑闻。在她的带领下，《华盛顿邮报》成为国际社会最有影响力的媒体之一。

不管是从大环境还是个人来说，凯萨琳·格雷厄姆都是不喜社交的、不合群的。但是，她在家族的责任下，积极融入社交活动，不仅扭转了家族事业，更是成为享誉全球的女性人物。

她的合群是建立在不断成长且有目标、有原则的基础之上的。不断成长是因为她要克服内向和舆论的压力，鼓励自己走到舞台中央；有目标是因为她怀揣着做好家族事业的梦想；有原则是因为她秉承着即使社交关系好也要公正报道新闻的态度。

在创业路上，我曾经一度逃避商务活动。但是，在合作伙伴等外界因素的助推下，我从害怕参加社交活动到主动站在商务活动的舞台，最终能够和更多的合作伙伴、投资人交流洽谈。

不是不想合群，而是圈子不对

前段时间，我的一个单身闺蜜跟我吐槽，自己原本跟大学寝室的同学关系很好，但是自从同学们结婚生子之后，每次聚会讨论的永远都是老公、孩子，她已经不太想去参加聚会了。但是，她又有点内疚，甚至一度觉得自己得了社交恐惧症。

我说："你换个圈子试试看。"

后来，闺蜜在我的建议下加入了创业者社群。没过多久，她跟我说她开心多了。因为在创业者社群，大家讨论的都是事业和工作。

如果你此刻不想合群，也许是你的圈子不对。找到志同道合的伙伴，是合群自在的关键。

自从创办社群，我才明白，如果找不到自己的圈子，我们不如创造一个自己喜欢的圈子。将同频道的人聚集在一起，是更舒适的合群方式。

是否合群的关键

对于人际关系上的合群，最关键的是我们应知道自己要什么。

历史上，很多艺术家就喜欢独处。比如莫兰迪，他在创作早期沉迷于文艺复兴大师的作品。他喜欢孤独，享受一个人独处的时刻，通过"冥想"式的静物画创作，成为20世纪备受赞誉的画家。

很多人独处，是为了给自己思考的空间、创作的时间。所以，这样的独处是基于对自己的了解，也是摒弃无效社交、创造自己作品的美好时光。他们知道，自己要的是独处的安静时刻，而不是喧闹的低价值合群。

如今，我专注于公司和品牌的建设，忙于日常工作，我的目标清晰、规划长远。遇到A和B的活动冲突时，我会根据当下事情的优先级进行选择。到底是独处还是合群，取决于当下的要和舍。要想选择事业的快速发展，就要舍下把酒言欢的悠闲时光。

如果你喜欢独处，不妨多思考、多创作，让人生的独处时光为你创造最大价值。如果你喜欢合群，不妨明确内心自己要的是什么。选择对的圈子、合适的群体，会让我们高效社交、舒适合群。

是否合群不取决于任何人的建议和评价，而是取决于我们当下的状态和目标。是否合群没有对错之分，只要我们清楚地知道自己的得与失，就不妨大胆地选择自己喜欢的方式。

人生很短，想明白，再选择。

拥抱变化，才是社交高手

> 在人和人的关系中，唯一不变的是
> 心态。
>
> ——牛文

作家亦舒说过一句话："任何人际关系，都会有可能发生变化，不能太过自信，然后等变化来到，视之如晴天霹雳，这样太幼稚。"

近些年，我更是深刻地意识到，人际关系里的变化太多，主要涉及三个方面：自己的变化、周围人的变化和社会的变化。我们若能理解这些变化，也就能理解周围复杂的人际关系。

自己在变化，周围人的评价也在变化

2016 年，我在美国创业，当时在硅谷与别人合租在一栋房子里。我的主业是研究自己的产品，副业是写作。我还开设了一个公众号，写自己的日常感想和心得体会。

当时，我创业的项目非常不适合自己，一度感觉到非常挫败，在写作过程中也经常跟室友抱怨"为什么创业不顺利""为什么写作这么难"。

这些抱怨是一股负能量，不知不觉传递给了室友。有一回，我在客厅写作，抓耳挠腮非常痛苦的时候，他走了过来，跟我说："你还是别写作了，你不是当作家的命，还不如去摆地摊呢。"听了他的话，我非常生气。

但如今，我明白了。每个人的成长都是递进式的，我们不会突然成为自己喜欢的样子，但会一点一点地接近理想中的自己。我们在能力不足的时候，必然会遭受偏见、质疑。但是，随着不断成长，偏见自然会被打破。

因为我们处于变化中，所以要理解别人的评价，不要在意别人当下的评价。别人既不了解我们的过去，也不能决定我们的未来。请记得，要让我们的成长去改变别人的看法，而不要让别人的看法阻碍了我们的改变。

自己在变化，对周围人的看法也在变化

我在大学刚毕业的那一年，进入的是一个互联网企业，企业强调狼性文化，是标准的"996"公司。

当时，我的第一位领导是一个"书生气"十足的男性，年长我几岁，每天耐心教导我，我却听不进去。后来，公司换了一个"痞子气"十足的领导来带我。

这位领导跟之前的"书生气"领导大不相同，他非常凶悍，从不顾及我的情绪。他每天都盯着公司派下的任务，只看结果。

有一次，我在广州出差，带着团队在各大商场、写字楼做调研。到了中午，我已经饿得头昏眼花。我问领导，能不能先吃饭再汇报工作。他坚定地回复我："不能。"

20 岁出头的我，当然不能理解这样的"狼性"，一心

只觉得自己受了天大的委屈，沉浸在难受的情绪里，不能自拔，甚至对公司和领导有很深的怨念。

如今，我自己开始创业，发现"狼性"对于初创公司是好事，毕竟"温柔可人"并不利于达成目标。

因为你在变化，站在人生不同阶段，对别人的认知是不同的。如今，当年你否定的人可能让你非常认同，当年你不喜欢的人可能不会被你排斥。

正因为我们每个人都处在不断变化中，所以对任何一个人的判断，都不应该来自过去，而是基于当下。

时代在变化，观点和态度也在变化

我的父母一直很担心我，因为他们认为我总是在做一些"非主流"的事情。我先是做电商，全国各地到处跑，他们总是说，"好姑娘应该找个稳定工作"。然后，我开始在公众号上写文章，他们不知道定位我是"网红"还是其他职业。后来，我开始直播宣传野新派，他们问我"你到底能不能生存下去"。

如今，他们也开始拥抱新世界和新词语，知道了什么是

"自媒体人"，什么是"直播带货"。他们逐渐理解了我的工作和梦想。尤其是新冠疫情期间，大家每天都拿着手机上网，妈妈负责帮我打印脚本，爸爸负责帮我安装灯架，全家齐上阵配合我直播讲课。

时代在悄悄变化，周围人的观点和态度也在变化。

近些年，我领悟到，在人和人的关系中，你、我、环境都是变量，唯一不变的是我们的心态。

我们会成长，从懵懵懂懂到成熟懂事，伴随着阅历的增加，对待事物的看法、做事的能力和心态都在发生改变。

周围也会变化，也许经历一路高歌猛进，也许跌跌撞撞迷茫度日，每个人都在自己的生活中有自己的观点和态度。

这个世界更是在变化，大家的包容度越来越高，对新鲜事物也会经历从"抗拒"到"拥抱"。

也正是因为这些变化，我能够理解人和人之间的远和近、爱与恨。我想，只有拥抱变化，我们才能应对人生复杂而又多变的人际关系，也能对不够完美的人际关系多一些释怀和理解。

其实你说的话，别人听不懂

也许我们从来没有意识到，别人压根听不懂我们说的话。

——牛文

人和人的故事是从交流开始的。我们跟越多的人交流碰撞，双方产生的合作机会就越多。但如果别人听不懂我们说的话，那么人和人之间的一切联结也就到此为止了。曾经，我以为自己聊天的能力很强，然而我的聊天只是一种自嗨行为，对方根本听不懂我说的话。

2020 年 1 月，我受邀去一家广西传统建筑公司做分享。我在台上眉飞色舞，从组织架构到内容获客，分享了一大堆对行业的看法和见解。说了两个小时之后，我激动地望着对方公司总裁，渴望他的夸赞，结果对方看着手机低头不语，半天才缓缓说出一句："你说的东西，我不是很懂。"一句话就像一盆冷水把我的澎湃激情浇灭，让我直接失去战斗力。

好在我当时的合伙人余崇正老师及时救场，他重新做了一次陈述，他的表达通俗易懂。对方管理层听得非常开心，对余老师留下了非常深刻的印象，并且当场就开始与我们探讨下一次合作机会。

这是我第一次意识到语言的重要性。通过反思，我明白，原来自己的沟通陷入了"知识的诅咒"。

"知识的诅咒"是一种认知偏差，指的是当了解了某些知识点之后，我们无法想象不具备这个知识点的人是怎么想的。这直接导致的结果是，我们在跟不同行业的人的交流过程中，很容易提到一些自己熟悉而对方不熟悉的词语，让沟通产生障碍。

比如，我在跟客户沟通的过程中，频繁提到行业内的专业术语，我自以为人人都懂，实际上现场除了我谁都不懂。事后我想，如果当时对方能百分之百听懂我说的话，说不定我们的合作还能更深入一层。

这件事让我深刻地明白了一个道理：那就是我们说的话越简单，我们的社交能力就越强。

我再分享一个聚会里的小故事。

朋友约我参加她们行业里的聚会，大家开始做自我介绍。

A 说："我是做互联网做运营的，专注于帮助我们品牌做投放，ROI（投资回报率）可以做到 1∶1，群内转化率可以达到 20%，有运营社群的小伙伴可以找我。"

B 说："我是做 VC（风险投资）的，专注于早期项目，有好项目可以找我。"

C 说："我是做房地产销售的，想买房子的朋友可以找我哦！"

大家听完，看着 A 和 B，面面相觑，最后跟 C 聊起了天。对于 A 和 B 的介绍，其他行业的人可能并没有办法理解。

这就是大多数人在社交过程中陷入的"知识诅咒"。在实际的社交中，不管是线上还是线下，我们特别容易说出一些对方完全不理解的专业术语。而在大多数情况下，对方也会碍于面子，不好意思提问自己听不懂的词语。所以，大多数合作从一开始就被掐断了。

说让别人听得懂的话，是一件被我们忽略而又重要的事情，是双方了解的基础，是社交的基本功。

那么，在社交中，我们如何才能避免"知识的诅咒"，让人人都能听懂我们的行业术语，提高合作的可能性，从而增进对方对我们的了解呢？我总结了三个方法。

第一个方法是心态上调整。打破自我认知的障碍，不管处于什么样的行业，拥有什么样的工作，我们千万不要陷入觉得自己很了不起的心理状态。这样的状态很容易让我们封闭社交，习惯性地选择与能听得懂自己说话方式的朋友打交道。

我们需要积极拥抱各行各业的人，思考自己行业里有什么专业术语是别人不懂的，积极解释，并且直到对方听懂为止。

别人听不懂，不是我们不专业，而是每个人的知识体系和背景不一样。别人提出疑问，不是挑战我们的"权威"，而是帮助我们打破"知识的诅咒"。

第二个方法是行业上打破。打破行业限制，跟行业外的人聊天。如果我们总是跟行业内的人打交道，人人都熟悉我们所说的概念，久而久之，我们就会以为全世界都能听得懂自己的语言。

所以，在聊天过程中，我们要多跟其他行业的人打交道，甚至要跟父母聊聊自己的行业。

第三个方法是故事化表达。很多生涩的观点都可以通过故事来表达，尤其是在跟陌生人打交道过程中，用故事来表达的效果要好得多。

我是这么跟亲戚解释自媒体人的："这就好比我每天上午固定十点站在咱们家门前十字路口，举个牌子写着自己的感想，每个经过十字路口的人都能看见我。久而久之，经过的人越来越多，并且每个人都形成习惯来我这里看一看我牌子上写了什么，我成为人流量的中心点。于是，十字路口附近的店铺老板就会想要找我做广告，让我举两个牌子，一个牌子是他们的店铺，一个牌子是我的感想。十字路口经过的人就是流量，我就是自媒体，我写感想，吸引大家来看，等待店铺老板给我钱，找我打广告，这就是我们的盈利模式。"

我通过故事来表达我的职业，亲戚们都听懂了。这远比我大谈特谈流量、媒体效果要好得多。

希望我们都能在社交中清零自己的心态，把复杂的事情简单化表达，从而拥有更多的社交话语权。

第五章

好关系是人生进阶加速器

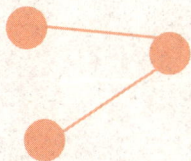

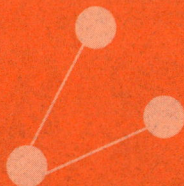

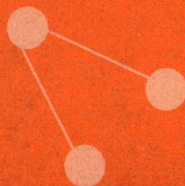

靠人获取能量场，
寻求属于你的滋养式社交关系

找到滋养你的人际关系。

——牛文

我曾看到有人说，人和人之间的关系有三种：喂养、驯养和滋养。

提到喂养，我想到了襁褓中的婴儿，依靠父母才得以生存。提到驯养，我想到了关在笼子中的金丝雀，毫无自由，被人观赏。而滋养宛如阳光和树木，小树因为有了阳光而茁壮成长，阳光则照射在树木上更显光亮。

唯有相互滋养，我们才会处于如沐春风的人际关系中。那么，什么样的社交活动能够滋养我们呢？

功利式滋养——为别人解决问题

野新派于 2019 年和 2020 年一直在线上开设训练营，我会挨个给每个学员打电话，我会问他们最近的目标是什么、进度如何以及有没有遇到什么困难，并且根据他们的反馈给出个性化的建议。

打电话看起来非常耗时间，依靠我的个人时间去服务，很明显不是把公司做大的方法。因为我是刚开始做品牌，我想要做得比别人好，所以我采取的策略是跟用户保持足够长的通话时间。一方面，我可以直接倾听客户的意见和反馈；另一方面，我可以解决客户的个性化问题。

在这个过程中，我边听边记。学员来自天南海北，他们的提问也各种各样。为了解决他们的问题，我需要不断地学习和充实自己的知识储备。

这种解决问题式的人际关系，快速提高了我解决问题的能力，也大大提高了我的思考能力。这不单单是滋养，更是倒逼式的快速进步。

如果你也想要通过这种方式获得滋养，最快的方式就是跟我一样，用自己的专业能力去为他人解决问题。不管对方提出的问题是否在你的认知或能力范围内，只要用心解决，我相信每一次对话都会给你带来或多或少的提升。

当然，我并不倡导去做一个"老好人"。我们"吃饭"的本领，完全可以当作一门生意来运作。我们可以把自己活成一个小小的咨询公司，为自己的各项服务进行定价，甚至把每一个问题都进行定价。一旦开始，我们就会走上一边提升自我一边赚钱的人际关系之路。

温和性滋养——交流感受

在 2020 年春节期间，我的一位商学院学长在微信里和我进行了一次语音通话。他在电话里跟我聊了他创业的历程以及当年的打算，我们彼此激发和碰撞了很多有趣的观点，这是我过年期间印象深刻的一次谈话。

他不定期就要跟一位朋友圈里的人聊天，打开自己的认知边界。这件事给了我很大的启发，后来我也开始不定期参加一些和职业毫无关系的聚会，认识各行各业的朋友，从而增长见识。所谓高质量交友，就是在聊天中学到新东西。

其实，人和人之间的关系就是在这样的对话中建立的，彼此可以交流行业知识或者分享观点、生活和态度。我们会从不同的对话中激发不同的感受。

不仅是陌生人之间的交谈，还有闺蜜的一通电话、同事的业务交流，我们会有无数转瞬即逝的想法和感受。这些感受能够激发我们，我们需要做的是随时记录。拿我自己来说，不管是跟人打电话还是约见面，我都会用手机记录我们聊天的内容和当下的感受。

请注意，如果是面对面聊天，那么我们一定要在谈话前事先告诉对方并征得对方的允许，不然对方看到我们一直拿着手机很容易产生误会。

好的交谈本身就是一种能量，去观察、注意和记录，请不要忽略它。

云沟通滋养——跟这个世界打交道

性格外向者可以通过与他人打交道获取能量，而性格内向者可以通过看电影和看书获取能量。

每一部电影都是一个编剧想要呈现的世界，每一本书都是作者当下的体验。我们不妨静下心，融入这些故事和情境，跟故事的主角对话，在别人的人生感悟中思考自己的人生。

不管是看电影还是看书，每个人都可以结合自己的生活与事业来思考，这可以说是最好的云沟通滋养方式了。即使不出家门，我们也可以通过跟演员、作者的云沟通来实现自我滋养。

人是社会性的，社交活动无处不在。我们不妨通过这三种方式创造积极的情绪、获取能量。

当然，滋养是一个很宽泛的词语。在我们的人际关系中，既有物质上的滋养，也有精神和情绪上的滋养，我们可以把滋养当作衡量自己人际交往的一种方式。不管跟谁交往，也不管选择什么样的社交方式，只要身心愉悦，我们就可以时时刻刻获取自己想要的能量。

用价值观影响更多人

越分享，越强大。

——牛文

"价值观"这个词听上去大而空，但在我看来，价值观就是我们对这个世界的看法和态度。我们每一次传递看法、态度的过程，都是不断在塑造个人品牌的过程，也是在吸引志同道合的朋友一起探索新世界的过程。

2017年，我在网上写过一篇名为《女孩子不要太辛苦，然后呢》的文章。27岁的我在文章里描述了自己的人生状态，表达了自己的人生态度，虽然奋斗很辛苦，但是相比较安逸的生活，我更愿意选择广阔的世界。

那篇文章为我带来了人生中第一批 1000 个读者，也正是这 1000 个读者，让我的自媒体账号有了生根发芽的机会。

很多女孩子在后台给我留言，跟我分享了她们的故事，讲述了她们是如何力排众议从小城市来到北上广，经历了奋斗的孤独、不被人理解的质疑，到拥有自己想要的生活。

这些故事让当年那个在创业路上还很渺小的我充满了力量。后来，我建立了读者群，每天和大家交流成长路上的心得和感受，走过了人生迷茫期的一段重要时光。

输出价值观可以建立他人对我们的信任，让人与人之间的接触多了一份支持与温度。

从出版第一本书到不断写文章、拍视频，我通过输出观点不断复盘和迭代自己。

我写过有关美妆护肤的文章，写过热点事件的评论，还写过大量的职场成长和创业类的文章。

在一次次的尝试中，我确定了自己的职业方向，那就是要做一个能够带领大家共同成长的媒体人和创业者，因此创立了野新派。

输出价值观的过程，就是不断内省的过程。我们要在自己的热爱和商业世界里找到一个平衡点。这个平衡点，就是事业方向。

在我的价值观里，我一直很喜欢"野心"这个词语。从20岁出头进入社会，我就频频被人形容为"一个有野心的女孩"。可是，少年时期的我并不愿意接纳这个词，总觉得野心勃勃对于女性并不是一件好事。

直到最近，我体验到掌控生活的乐趣。虽然创业艰辛，但我探索到了更宽广的世界。

野新派的价值观是，"有野心才过得好"。我认为，人人都有一颗向好之心。正是这颗向好之心，让我们能够穿越人生的高与低，坚定地追寻内心想要的人生。

与此同时，想要变好，并不是一件容易的事情。人的成长，终归是一种自我的蜕变。这场蜕变，本身就是带着痛的。我们会经历不被理解、被质疑，只有经历日复一日的坚持，才能达到理想彼岸。尤其是一个女孩，要想实现自我价值，更要付出极大的心力。

正因如此，我才想要通过价值观的输出影响更多的女孩，支持和帮助她们，让她们走向更好的人生。

每个人都有自我表达的权利，输出价值观的最好方法就是写作和拍摄视频。只要通过文字和图像去传递自己的所思所想，我们就可以开启自己的价值观输出之路。

花时间选择你的朋友

> 分手后还能保持体面的，才是真
> 朋友。
>
> ——牛文

我对朋友的定义是"阶段性陪你走路的那个人"。为什么是阶段性呢？因为我们所处的时代变化太快了，"流动"已经成为当代人际关系状态的写照。从学校到职场，每当我们换一个学校、换一份工作，陪伴在我们身边的人都会变。

因为人际关系的流动不断加速，所以我更加愿意花时间选择陪我走过人生旅程的那个人。

我们不妨先明确自己的择友标准。这条标准是我们内心的一杆秤。

我选择朋友的标准有三条。

第一条是给自己的，我希望自己在接触任何人之前都能不设置任何刻板印象。

第二条是给彼此的，我希望朋友之间能够给对方带来新世界、新视野和新观点。

第三条是我经历过的小教训，我认为能够和平分手的朋友才是可以交往的朋友。

在刚进入社会的十年里，我接触了各行各业的朋友。我最大的感悟是，扔下所有预设的标签，最大可能地接触这个世界，我们的收获就会变多。

在创办野新派社群之后，我极大地扩展了自己的社交圈子。她们既是学员，也是朋友。在广西开餐厅的彬彬会跟我聊开餐厅遇到的趣闻趣事，在海外的珊姗会跟我分享她的创业故事。朋友之间的碰撞最有意思，所谓看世界，与金钱无关，与我们彼此的阅历有关。

我们所经历的每一件事，不管是沮丧还是骄傲，是大还是小，都是我们彼此生活里独一无二的经验与感受，更是生活带给我们的勋章，值得与朋友分享。

我曾看到这样一句话："你掏心掏肺对待一个人，他要么成为你生命中最重要的一个人，要么成为你生命中最惨痛的一节课。"这句话正是在描述人和人之间从亲密到破裂的关系状态。

什么是对一个人好？什么是真心？什么是价值观？人和人太容易因为一点点琐事就分崩离析。上了年纪，我们就会发现，人和人的分离才是常态。所以，我们要更加珍惜和身边每一个人在一起的点滴时光。

但即使有些人离开了也不要紧，若彼此都能记着时光里的美好，有段美好回忆也不错。不管如何，我们还是要尽兴活、尽兴爱。

把时间花在朋友最在意的事情上

大千世界，每个人的想法都不尽相同，与其猜测，我们不如直接沟通，这样彼此的友谊和交情才能够长长久久。

时间很宝贵，所以我们越长大，越要将时间分配给更重要的人。因此，我们要仔细思考自己选择的标准，花时间选择对的人，要跟朋友真诚沟通，把时间花在朋友最在意的事情上。

让每一次和朋友相处的时间都成为最值得回味的美好时光。

热爱生活，才是最高级的交友方式

> 热爱生活，点亮人生。
>
> ——牛文

你知道热爱生活会带给人怎样的魔力吗？

《朱莉与朱莉娅》这部电影描述了这种魔力。在纽约打工、年近 30 岁的朱莉感觉人生很迷茫。她是公司行政人员，每天接听客户投诉电话，动不动就会遭受客户的谩骂。对于她来说，工作无趣，生活也好不到哪儿去，和丈夫住在小房子里，虽然想成为小说家，却一直离自己的梦想很遥远。

唯一能让朱莉感到快乐的事情是烹饪。她热衷于做各种美食，更是喜欢看自己偶像朱莉娅的美食节目。在丈夫的鼓励下，她决定跟随朱莉娅的美食食谱，给自己制订了一个365天做524道菜的计划。从烹饪的那一刻起，她的人生开始发生变化。她重新唤醒了自己对生活的热爱，不再沉溺于眼前让人疲惫不堪的工作。最终，她被很多人关注，成为美食博主。

烹饪让她重拾自信。而这种对未来的自信状态，是会让一个人散发光芒的。

在我看来，热爱生活是一种生活态度，是一种不管日子多忙都愿意给自己找乐趣的态度；也是一种不断探索生活的精神，是不管多忙都还积极探索兴趣爱好并且积极尝试的精神；还是拥抱新鲜事物、热衷学习的态度，不管处于人生哪一种境遇都能对自己有追求，不断学习新事物。

一个热爱生活的人，才能不断拓宽自己的视野、不断探索自己的爱好。有见解、有爱好、有思想的人，每个人都想主动靠拢。

如果想认识新朋友，那么从兴趣爱好入手是最容易的方法。和有共同兴趣爱好的人交往，可以释放更大的能量。

我初次公开写作是 2014 年，是应朋友邀约开始撰写文章并将其发布在网络上的。那时，写作对我来说是业余爱好，是我忙碌日子里的兴奋剂，让我能完整地把所见所思都写下来分享给更多人。

2016 年，我开设公众号，边创业边写作，坚持着自己的爱好。在写作过程中，我因为文字而认识了来自天南海北的自媒体朋友。我在写作过程中认识了"十二姐"，我的第一本书正是出版于十二姐为我介绍的出版社。

之后，我又通过这本书结交了更多志同道合的朋友。有专注职场求职的"七芊"，当年我们各自出书，一起跑签售会；有优雅温婉的"艾掌门"，她写小说，文字有灵气也有力量，我从看她的书到跟她成为朋友，体验了一把跟偶像做朋友的感觉。

这些因为喜欢写作而结交的朋友，碰撞对热点新闻的观点和看法，让彼此的文字都更加丰盈，也让生活多了很多趣味。

热爱生活的人，眼神有光，聊天有趣，社交不费劲。

我的好朋友丁桥是一个很爱学习的人。在新冠疫情期间，她专门学习了如何拍照，开设了一个公众号，还创办了读书社群。她喜欢香水、哲学书籍，不管住哪里，都能把房间收拾得既温馨又有格调。

我跟丁桥在上海住过一段时间，我们经常一起做早餐。她把在美国念书时学到的美食做了个遍，从西式炒蛋到拿铁咖啡，既好看又好吃。虽然我工作忙碌，但是能跟她一起吃早饭，足以治愈我忙碌的心。

她也经常跟我分享如何挑选香水的小知识，还会给我的办公室提装修建议，探讨彼此人生。跟她在一起的那段时间，是人生很美好的时光。

兴趣爱好会带来意想不到的惊喜。

我在创办野新派的过程中认识了一位宝藏女孩。她叫悠泳，原本是传统汽车企业的数字设计师，因为喜欢珠宝又买不到喜欢的项链，于是萌发了学习并给自己做项链的念头。

她给自己报考了各种各样的珠宝兴趣班，最终设计出了一条独一无二的项链。她戴着这条项链出门吃饭，还吸引到不少女生找她定制珠宝。

我看了悠涞设计的产品，惊讶于她总是能够把天马行空的想法落地，便找她定制了野新派的珠宝。我提出"要把野心穿在身上"的想法，她只花了两周就给我绘制出了全套原装的首饰图，并且找工厂落地。那套钻石的耳钉是我珠宝箱里的最爱，我也给她介绍了很多珠宝客户。

一个兴趣爱好，不仅让她的人生多了一份副业，还让她的主业做得更好。

也许我们现在做的事情并不是自己最喜欢的，我们不妨在业余时间选择一个自己喜欢的事情全情投入，结交新的朋友，拓展新的圈子，说不定有其他的收获。就像在野新派的社群里，我发现，很多女生都有自己独特的兴趣爱好，这些爱好或许是她们个人品牌中的差异化特点，或许是她们的副业，抑或是她们的事业。

热爱生活的本质是对生活的追求和对新事物的探索。在探索的过程中，我们可以找到自我，焕发光芒，甚至有额外的惊喜。

　　放下手机，想尝试什么就去试试，全身心忘记时间沉浸在自己喜欢的事情里。享受热爱生活带给自己的愉悦感，结交志同道合的朋友，发现爱好并延展出更多人生的可能性。我相信，正是我们对于生活的热爱，点燃了我们的事业和人生，为我们的生活带来新的转机。

感谢背后说过你好话的人

> 你不可能让所有人都喜欢你，但是
> 每一个在背后为你说好话的人，都是你
> 需要感谢的人。
>
> ——牛文

很多时候，我们之所以能把事情做好，未必是因为自己的能力卓越，还有可能是遇到了暗中帮助自己的人。我所说的暗中帮助自己的人，其实是指在背后对我们有正面评价的朋友。

2019 年底，我想要筹办自己的品牌发布会。当时，我既没有筹办过活动，也没有做教育的经验。不过，我在一个社群里认识了余崇正老师。

余老师是一名企业家，多年前获得过《超级演说家》的季军，同时在经营自己的儿童教育品牌。他是很多企业家的演讲教练，也受邀给很多企业、个人培训演讲能力，在教育行业有多年的经验。

　　我在社群里认识了他，直接跟他打招呼介绍自己，表达了想要找一位教育和演讲经验丰富的老师一起合作的信息。我直接向余老师提出了自己的想法，并想约余老师见面聊。

　　余老师欣然答应了我的见面要求，从2019年11月开始，他几乎每一周都来我的办公室，亲自辅导我如何做一场好的发布会，并分享他了解的教育品牌。

　　发布会看似简单，其实暗藏无数细节，从选择地点到筹备物料、安排流程、写演讲稿、邀请嘉宾……余老师一一教我。即便如此，发布会当天还是出了很多岔子，幸亏余老师提前到达现场，协助我一起解决问题。

　　回顾过去，余老师给了我非常多实际的指点。有一次我问他："你是怎么判断是否要帮助一个人的？"

　　余老师说："其实你来找我，我并不关心你的头衔，也不关心你是谁。我只是跟社群群主小丫打听了一下你的情况。

小丫对你的评价很高，有了她的推荐，我决定跟你合作。"

直到那一刻我才反应过来，如果不是小丫在背后对我的肯定，我肯定没有办法顺利与余老师合作。

小丫在背后说的好话，成就了我和余老师的合作。

当面的赞美固然好，但是背后的认可更有力量。如果一个人在看不到你的时候都为你说好话，这会为你带来潜在的机会。

我们要学会自我管理，客观评价别人，绝不说别人坏话。

正因为在背后说好话的力量巨大，所以在与他人相处的过程中，多在背后说好话是一种处世方法。我自己的原则是，"对朋友坚决维护，对陌生人客观评价，不说坏话，不刻意恭维"。

我们不用刻意追求让别人背后说好话，也无须对说好话有过多的期望。

曾经，德国"铁血宰相"俾斯麦非常欣赏一位对他充满敌意的议员，为了拉拢这个议员，他有计划地在别人面前赞美这位议员，后来两个人成为无话不说的盟友。

没错，在他人背后说好话的魅力是巨大的。当我把这个观点分享给朋友的时候，朋友说他要想尽办法让别人为他在背后说好话。我立刻否定了他的想法，因为在我看来，如果他有这种想法，他就陷入了一个"另类讨好他人"的误区。

我们永远做不到让所有人都喜欢自己。

我在 30 岁之后明白，朋友是朋友，合作伙伴是合作伙伴。朋友因为跟你分享喜怒哀乐而成为你生命里的同伴，合作伙伴则因为共同的利益与你共同行走。跟不同的人相处，我们都要建立在自己的规则、价值观之上。人和人的相处，不是一场考试。我们寻求的是同行者，而不是奢求他人给我们打高分。

我们不妨把"背后说好话"当成自己为人处世的一条小小准则，播撒下人际关系的种子，说不定哪一天就会开花结果。

对内自我管理，对外不做过多期待，认真感谢每一位在背后为你说好话的朋友。正是他们的正向鼓励和反馈，让你的影响力得以扩散、事业越做越大。

在野新派做了自己的课程之后，很多老学员自发传播，介绍朋友和同事来上课。我知道，正是学员们在我背后的积极传播和肯定，才能让我的品牌影响力呈几何级扩散。对此，我非常感激。他们的肯定也激发了我把这个品牌做好的动力，从而带给大家更多好的课程，带领大家更踏实地成长。

做好自己，提高自己，多在背后肯定他人、鼓励他人，对自己多一点要求，对他人少一点期待。我想我们都能够在自我成长的路上，遇到更多同行者，一起探索世界的未知风景。

女性之间的友谊，需要带个滤镜

好的友谊是镜子，也是杠杆。

——牛文

哲学家尼采在《查拉图斯特拉如是说》里面有这么一句话："女人还无法胜任友谊，女人依然是小猫、小鸟，或者顶多是母牛而已。"

坦白说，很多人对女性的友谊还停留在《甄嬛传》的阶段，认为女人就应该钩心斗角，并且没有真正的友谊。我完全不认同这一点。

我的理解是，女性友谊是成长路上的互相陪伴，既是战友，也是盟友。

接下来，我来聊聊如何和女性朋友相处。

我在上海最幸福的一段时光，是跟好朋友丁桥住在一起的日子。丁桥是我眼中标准的白富美，名校毕业，自主创业，见识宽广。

在 2017 年我刚遇见她的时候，她刚从以色列代理了一款品牌回国，而我正处在人生的探索阶段。我们一见如故，当时她住在上海徐汇区的洋房里，我住在离她不远的小区。隔三差五，我就跑去她家，而她就会拿着一堆瓶瓶罐罐，跟我分享她事业上的点点滴滴。

从产品特性到品牌推广，比如如何给渠道合理的价格，如何拍摄出好看的产品图片，如何提炼产品卖点，我一路见证她从 0 到 1 把这个小众品牌推广成各大网红的心头好，我也学到了很多品牌方面的知识。而她也见证我从扭扭捏捏地做自媒体，到不断自我探索折腾各种她看不懂的事情，再到我找到适合自己的事情，创立野新派。

在我们相处的三年里，我们陪伴彼此度过失落的时光，最重要的是我们通过对方找到和确认了自己的长板和短板。

这是我们友谊中最重要的部分。

当然，我们也聊感情生活，聊八卦，但事业和成长一直是我们的主旋律，因为我们各自走在自己的领域上。

在我看来，好的友谊是人生的镜子，也是成长的定心丸。

镜子可以跟你说真话，照出你的缺点和瑕疵，也照出你的美丽和魅力。定心丸可以帮助你认识自己，给你正确反馈，让你在正确方向上扎实做，不彷徨，不迷茫。

事实上，我们不需要那么多朋友，需要的是一起成长的铁杆盟友。

我将女性之间的相处模式用 16 个字概括：分享资源、尊重习惯、看到优点、合理交流。

一是分享资源。我们在各自的领域前行，明确自己的长板和短板，如果看到对方需要的资源，我们应该立刻分享给对方。

二是尊重习惯。人和人之间有不同的习惯，尤其是走得过近的时候，人们在生活上难免会产生摩擦，这就更要彼此尊重并包容。

　　三是看到优点。人无完人，人和人的交往应该带一层滤镜。滤镜让人看上去更美丽，而人和人之间的相处也会因为滤镜更和谐。滤镜不仅仅在眼睛里，还要在心里。

　　四是合理交流。朋友之间的交流也要分场合。如果对方正处于焦头烂额、心情沮丧的时刻，而你觉得她正在做的项目或者决策不妥，那么当下你最好以安抚为主，之后再去真诚地沟通。

　　除了上述的分享，我更想告诉大家，人和人之间的友谊永远是阶段性的。仔细回忆，你身边还有几个发小？你们还保持着怎样的沟通频次？

　　人和人之间的友谊掺杂着很多元素，但是友谊终归是跟随我们的人生步伐而来的。对我而言，成年人的友谊是一场团队比赛，需要配合才能走得足够长远。我走得快的时候想拉着她们多往前跑一跑，她们跑得快的时候又会拉着我往前走一走。友谊的核心，在于我们分享了多少生活的喜怒哀乐，在于我们彼此携手走过了多少人生的时光，也在于我们彼此一起探索了怎样的人生风景。共同行走，一起成长，一起奔跑在志同道合的路上，才能让友谊的小船航行得越来越远。

无论如何，珍惜出现在你生命中的每一个人。

有爱的家庭，给你向前的勇气

愿你我都活在爱里。

——牛文

幸运的人一生都在被家庭滋养，不幸的人一生都在治愈童年。我想，我属于那个幸运的人。对于我来说，人生中最庆幸的事情是我出生的家庭和我的父母。

他们没有大富大贵的人生，但是他们给予我满满的爱。这份爱是我闯荡世界的力量来源，让我不管身处何地都知道身后有家人的支持。可以说，我的每一步都藏着父母的支持。

有人说，我们和世界的关系就是我们跟父母的关系。我从小就是一个胆大包天又胡思乱想的人，成年后的勇敢尝试，以及与不同人碰撞出的种种故事，都得益于父母的包容和支持。好的家庭关系是前进路上最大的底气。我没有资格来教育大家到底如何拥有良好的亲子关系，我只想在这篇文章里分享我和父母是如何相处的，或许能给大家带来不一样的启发。

关于沟通，我的父母以鼓励和表扬为主。不管我遇到任何沮丧、烦心的事情，妈妈都会说"别担心，你命很好，慢慢来"。

这句话像一个隐藏魔法，给了我一个强大的心理暗示。从心理学上说，这属于"自证预言"，指的是我们会不自觉地按照已知的预言来做事，直到预言成真。

"你命很好"这句话时刻在我脑海中盘旋，所以在成长过程中，我摔过的跤、踩过的坑，都变成了我心中正向的教训。我善于从每一段人与人的关系中复盘和反思自己。如果遇到问题，我不会自我怀疑，更不会因为受了伤害而缩手缩脚。抱着"我命很好"的心理暗示，我可以一如既往地向前闯。

关于生活，我跟父母相处的原则是互相学习、各自生活。

我看过一个视频："孩子带着好奇向父母提出的各种'傻问题'，比如蜻蜓是什么，地球为什么是圆的，而父母永远都会耐心地解释。画面一转，等到父母年纪渐长，看不懂这个世界，向孩子提出各种问题的时候，孩子却开始不耐烦了。"

信息不对等造成的沟通障碍，是父母和子女之间的大障碍。也就是说，当我们跟父母不在一个语言体系内的时候，彼此是没法交流的。世界变化这么快，我们和父母就像在天平的两端，总有一端站在更高的一边，了解更多关于世界的信息。

拿我们家来说，1996年家里就有了第一台电脑。在我小时候，妈妈手把手教会我怎么注册QQ号，她是我的互联网领路人。爸爸则从小带给我各式各样的零食，跟我分享外面的精彩世界，也教我为人处世的道理。

小时候，他们带我看到更宽广的世界。长大后，我带他们看世界的变化。

刚创业的时候，我让爸妈陪着我到处学习，了解什么是电商、供应链。我会积极让朋友来家里吃饭，介绍爸妈给朋友认识。现在每次回家，除了跟父母分享我的所见所闻之外，我还要专门腾出时间教他们流行事物。从微信公众号到近几年流行的抖音、快手等短视频平台，他们都在我的影响下使用起来。过年回家的时候，我还教他们拍摄和剪辑，从而记录生活里的片段。

互相教学是一种更好融入彼此生活的沟通方式，我希望我的父母也可以像我的朋友一样，跟我聊八卦、讲段子，分享生活里的喜和乐。

除了我们互相学习之外，各自生活则是维持我们生活平衡的重要理念。

我一直很不喜欢的观点是，"父母的一生是围绕孩子而活的"。父母和子女的关系应该是各自独立的。18岁之后，我力求保持自己生活的独立性。除了不找父母寻求经济支援之外，我们在生活上遇到种种问题时，也要自己学会找解决方案，而不应该把事情甩给父母。

在赚到第一桶金之后，我送给父母一辆车，正式告诉他们，我在经济上完全独立，能够给自己很好的生活，让他们放下心来，也鼓励他们去参与更多的社交活动。

在我的鼓励下，母亲报了绘画、歌唱等兴趣爱好班。父亲身体不好，但是跟小区里的人保持着良好的社交关系，有时也出去旅游。我尽量让他们的生活重心围绕在自己身上，而不要完全聚焦在我这里。

这么多年，父母在安徽老家，我在上海。他们很少担心我的工作。我们偶尔一起出去旅游，保持着各自生活的状态。

不控制，有交集，能聊得来，彼此尊重，各自独立，这是我跟父母保持良好关系的小秘诀。

关于人生节奏，父母难免操心孩子的生活。我并不认可"到什么点做什么事"，每个人的人生节奏都不同，要想尽情成长和探索世界，需要有自己内心的人生节奏感。

我认为，保持各自节奏感的核心是"减少牺牲感"。我们不需要为了对方牺牲自己的人生，这样就不会有怨念，就可以对彼此的节奏保持尊重。

在我的成长过程中，父母没有为我过度牺牲自己的时间和事业，一切选择都是自然而然的，所以我们相处很融洽。

在我长大后，对于我创业、恋爱，他们只会评价，给出意见，并不会过多干涉我的生活。所以，我能够保持自己的人生节奏，稳步前行。

除了正面沟通、互相学习、各自生活和保持节奏感之外，我们经常互相表达爱，父母会给我发红包，我也常常说"我爱你们"。我们更会直截了当地沟通出现的问题，没有"弯弯绕绕"。

这些点点滴滴让我和父母至今都保持着良好的关系。只有在良好的家庭氛围中，我们才能够勇闯这个世界，放手一搏。

愿每个人都拥有良好的父母关系，活在爱里。

第六章

打造自己的好运体质，
让人脉涌向你

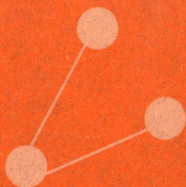

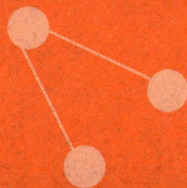

打开社交状态，营造自己的气场

> 气场需要内修。这是一种把困难当
> 游戏的人生态度，一种不断积累、迎合
> 实力的人生姿态。
>
> ——牛文

社交状态，指的是你进入任何一个场合中给人的整体感觉。我称这种感觉为气场。虽然气场看不见、摸不着，但我们可以从内在和外在感受它。我们的内心感受、言谈举止，都会体现在自己的社交状态中。

我的社交状态经历了三个阶段。

第一个阶段是，毫无气场，没有自信，社交状态微弱到没有存在感。

我至今都还记得我20多岁出头参加活动的感受。有一次，我受朋友邀请参加一个活动，从去之前拿到邀请函的那一刻就开始紧张，一直问朋友穿什么合适。

活动的时间是 12 月，刚好是上海的冬天，我特地为这次活动购买了一件酒红色的皮草大衣和一个 LV（路易威登）酒红色的包包，内里搭配了一件黑色的紧身连衣裙，配上了高跟鞋，忐忑地去了现场。

到了现场之后，我站在活动的入门处，发现这场活动摆在一个宴会厅，宴会厅里有秩序地摆放着不同的高脚圆桌，一旁还有酒水饮料。大家可以随意吃东西，然后去找朋友聊天。

我紧张地站在门口，不敢拿吃的，左顾右盼想要找到朋友的身影。唯一认识的那位朋友就是我的社交安全牌，只有找到他，我才能在这个场合里稍微自在一点。我穿的那身衣服，看似华丽，却让我如坐针毡。稍微有人多看我几眼，我都会不知所措。

第二个阶段是，略微忐忑，但是可以大方交流。

28 岁之后，我参加的活动越来越多，进入社交场合里，紧张感要少一些。27 岁的时候，我在美国也参加过不少创业者活动，尽管心情忐忑，但是我可以大方地与周围人交流。

在这些活动里，我即便没有熟人，也会主动跟别人搭讪，交流创业的想法和见解。在跟不同人打交道的过程中，我可以获取知识，打开眼界。

第三个阶段是，主动出击。

如今，我参加过不少活动，也举办过不少活动，在一次又一次的社交场合中锻炼了自己的心智。就算现在给我一个舞台，我也可以大方地上台分享。

这得益于我举办活动的经验。我曾负责跨境创投基金 SoGal 的上海分部，经常组织小型的论坛和活动。2020—2022 年，我独立筹备了很多次野新派的线下活动。从参与者到组织者，我开始适应各种各样的活动，也会思考怎样的活动能让大家有收获。

在野新派的沙龙活动上，我会策划好每一次活动主题，努力记住每一个学员的名字，邀请他们介绍自己，争取让大家在活动中不尴尬、有收获。

　　不管是参与活动还是组织活动，我发现一个人的气场是会影响周围人的。当你胆怯、害羞的时候，周围人也不愿接近你；当你自信、敞亮的时候，周围人就会主动与你交流。

　　那么，如何修炼自己的气场呢？

　　首先，注重外在。我至今都对倪妮的一个视频印象深刻。视频中，她以学生的身份首次试镜，没见过导演，更没见过大场面，眼神里透露出的全是羞涩。

　　后来，她面试成功，成为张艺谋电影《金陵十三钗》里的主角。为了拍摄电影，她经历长时间的密集型训练。最后，我们在大屏幕上看到的倪妮去掉了学生的青涩，满眼大气和优雅，把角色演得活灵活现。

　　电影大卖之后，她频频获得各种活动邀请和曝光，开始出席各种名利场上的活动。不管是机场街拍还是出席颁奖活动，她的眼神一次比一次有力，姿态越来越自然，谈吐也越来越轻松，连路人的随手拍都能被她强大的气场征服。

　　气场的外在表现就是我们在人群中的状态、眼神、语气的综合姿态。我们需要找到最适合自己的穿着造型，外在的装扮只是气场的表面功夫，接下来我们需要通过锻炼来加强眼神的自信和语气的坦然。

这种坦然是要靠经验修炼出来的，如同明星一样，从小透明到主角，伴随着自己越来越成功，参加的盛大活动越多，信心就越足，气场也会越来越强。

我们可以在事业中不断提升实力，在生活中为自己争取舞台，主动参加一些活动或者举办一些感兴趣的聚会。

其次，注重内在。所谓内在，是一个人解决问题的能力，更是一个人专业实力的体现。

30岁的董明珠在格力电器做销售，为了追回拖欠的货款，一等二说三打持久战，经历40天的斗争和夜不能寐，要回了几十万元的货物。

如今，董明珠更是直接上阵代言和直播带货，为企业带来巨大的利益。董明珠形成了自己独特的风格。

这种气场需要的是内修，一种把困难当游戏的人生态度，一种不断积累实力的人生姿态。

能够改变气场的是我们走过的路、读过的书、遇到的人、拿到的结果，也是我们见到的人间世事、熬过的艰难坎坷以及经历的跌宕起伏。

气场是时间和命运送给我们的礼物，让我们与众不同，让我们在回头望的时候告诉自己：一切都值得。

内在的修炼加上外在的呈现会形成一个人独一无二的气场。而这种气场会陪伴我们，让我们吸引更多同频者。

有色眼镜和鄙视链

喜欢能包容这个世界的朋友。

——牛文

在社交里，处处都存在有色眼镜和鄙视链。回忆一下，你是否带着预设的标签与他人相处？你是否下意识地逃避跟自己不是一个圈子的人和事？

名校不等于前途光明，考不上大学也不等于人生完蛋。

两年前，我在一场活动上认识了一个女孩，她 17 岁就辍学开始摆地摊。她当时站在舞台上，身后大屏幕上投射的是她家的照片，那是一所破旧的屋子。

在这场活动上，她作为演讲嘉宾分享了自己的人生故事，因为家里太穷而辍学，她不得不去创业，先是摆地摊，后来做淘宝，再后来做微商，最后拥有了自己想要的生活。

实际上，大多数人对这个世界的认知都有自己的固定模式，导致在与他人接触的过程中带着预设的标签判断对方。这些预设会让我们失去一个学习的机会。

很多人会带着固有思维看待这个世界，因此总是拒绝接触自己排斥的人。

然而，任何标签都不足以代表一个人的全部。随着人生成长阶段的不同，我们的眼界、认知和看法也应该不断调整，不能以固有思维去判断他人。

野新派里有一个女孩，她中专毕业后在深圳做护士，因为不满足自己的人生，毅然开启了做生意的道路。

从开童装店开始，后来怀孕生子在二胎休产假期间又开始销售内衣，她说自己直到剖宫产的前一天还在对接发货的事情，不想因为生孩子而耽误任何一个客户。月子刚满30天，她便亲自打包发货。后来，她还带着孩子一起摆地摊，锻炼孩子的勇气和销售能力。

　　我跟她探讨销售模式，听她分享实战过程，我能感受到她那颗蓬勃向上的心和一个敢于打破标签、活成一道光的状态。

　　如果在人和人的交往中，思维方式戴上有色眼镜，那么我们的成长将会止步于此。世界很大，我们永远比自己想象中对这个世界的了解要少得多。偏见越少，成长机会越多，我们所接纳的人和事也会越多。

　　我们所看到的世界，是由我们所接收的信息总量决定的。只有放开自己的心态去接触足够多元化的人，接纳各行各业的信息，我们才能从这些信息中挖掘人生更多的可能性。

　　"鄙视链"是近年来流行的词语，不同圈子有不同圈子的鄙视链。据说，职场妈妈看不起全职太太，创业融资的看不起做生意的。总之，鄙视链无处不在。

　　我在野新派线下沙龙里，总是鼓励大家互相介绍。我记得有一次在上海的沙龙活动上，有个姑娘站起来自我介绍，一直不好意思，后来我一问，她在做微商。因为她怕被人看不起，所以不愿意介绍自己的身份。

当时在这场活动上，我主动跟大家介绍这位姑娘。我想告诉她，任何行业在这里都是受尊敬的，而我们更要认可自己在做的事。

不管是微商还是电商直播，很多新事物的发展初期，都会被人看不起。但是随着时代的发展，新兴行业越来越被大家了解和接受。尤其是 2020 年新冠疫情之后，线上直播被越来越多的人接受，也有越来越多的企业家下场亲自做直播，直播是当下能够和消费者接触的最好方式。

如果我们在这个时代不懂直播，也不愿意去了解微商，带着鄙视链的心态去看待这个世界，那么这种莫须有的优越感会让我们离真实的世界越来越远。

我喜欢能够包容这个世界的朋友。

我记得，《进击波财经》的创始人沈帅波写过一篇文章，里面有个观点让我印象深刻："中国最有意思的地方是，他足够大，他足够有韧性，足够让各种各样的人和模式共存，没有什么谁对谁错。"

我在这句话上还想补充一句："人和人也没有高低之分。"

沈帅波是公众号时代的"大 V"，他为了写好文章，调查各行各业，亲赴行业现场，然后用文字阐述了自己眼里的世界。他的笔下是真实宽阔的世界。

几年前，我跟他接触过几次，他为人温和又风趣，真实有态度。

相反，如果一个人永远只跟自己差不多学历、背景的人相处，戴着有色眼镜和鄙视链看待这个世界，那么这个人的生活与事业在某种程度上既无趣又狭隘。

一个人对世界的兼容度越高，所吸收的信息越多，成长的上限也就越高。所以，从现在起，扔掉有色眼镜和鄙视链，去探寻更多乐趣吧！

降低社交预期，提升自我实力

> 充分了解彼此的期望值，不奢望，
> 不狂妄。
>
> ——牛文

社交合作的本质是价值互换。在理解这个道理之后，每次在外面认识新朋友，我都恨不得把自己擅长的事情全部告诉对方，恨不得立刻就可以为对方提供价值，好彰显我的诚意。

在一次朋友聚会上，我认识了一位做网红孵化的老板。当时我是这么介绍自己的："A 总你好，我经营自己的公司，有自己的自媒体平台，如果您未来有兴趣做自媒体，包在我身上！"

话说出去，加了微信，转身回家了。没过多久，A 总给我发来消息："你擅长自媒体，最近能不能来帮我们公司做全平台的自媒体运营？"

当时，我正在全力发展我们新品牌的业务，完全无暇顾及其他事情，想到当时拍着胸脯跟别人说过"包在我身上"这句话，后悔不已，但也无奈拒绝了 A 总。

这件事情之后，我在纸上写下对外减少的措辞，比如"包在我身上""完全没问题""百分之百可以"，这些绝对性的承诺在社交合作中要尽可能少说。

在对外交往合作中，期望值是双面的。一方面，我们要降低别人对我们的预期，话别说太满；另一方面，我们要降低自己对别人的预期，这样可以减少依赖心理。管理好期望值，才能让双方的合作顺利推进下去。

充分了解期望值是需要双向管理的。在与任何人交往和合作过程中，我们都可以事先了解自己和对方的期望值，思考我们能为对方带来什么，以及对方能为我们带来什么。

管理彼此的期望值，可以大大减少合作中彼此的失望，这也是避免尴尬社交的前提。

管理他人对我们的期望值，是基于我们对自己实力的客观评价。

在野新派的线上课开始前，我们设置了一些问题："你期望从课程里得到什么？你预期会得到什么样的改变？"目的就是了解对方对我们的期望。我们团队列出了自己擅长的几项，包含新媒体、社群、个人品牌等。如果大家的心理预期是学习我们擅长的内容，大家就会得到自己想要的且我们擅长的内容。只有学员满意，公司才能良性发展。

这就好像恋爱一样，我们期望对方是一个完美无缺的白马王子，但相处之后发现对方有很多坏习惯，就会相当不满意。

从恋爱到生活、事业，我们都需要事先了解对方的期望值，才能够避免差评率，从而更好地推进双方的关系。

管理我们对他人的期望值，是基于我们对他人的判断和分析。

我们有一个内部考核标准，就是学员的成才率。我们不希望学员只是来上课，还希望学员听完课能够落地执行，然后根据课程内容来调整自己的商业模式，从而取得实质性的进步。这就是我们对学员的期望值。

接下来，我们就会思考，到底什么样的人最适合我们的课程并且能够做出成绩呢？

成年人上课有一个特点，那就是时间容易被琐碎的事情打乱，无法完整地听课。所以，线上课程的难点就是如何让对方完完整整地把课听完。

除此之外，每一门课程的受众都是不一样的，公司高管、宝妈、创业者想要的课程内容也不完全相同。为了更好地让大家听课和学习，我们采取了几种方法。

方法 1：每一门课程备注适合的人群和解决的问题，部分特殊课程甚至采取面试制度，确保来的人跟课程内容相匹配。

方法 2：安排专门的人员，在每次上课之前与学员沟通，确保对方能来听课。

方法 3：部分课程在上完课后会进行半年的跟踪辅导，

确保大家听完还能够去执行。

三个方法配合课程，可以让学员听完、执行、复盘、迭代，从而真正成长。每个人都是有惰性的，但是通过这些方法，我们可以帮助大家实现小目标。

社交中也是如此，我们知道对方的情况越具体，就越明白对方到底能给我们带来什么。只有了解对方，我们才不会在人际关系中失望。

在管理了彼此的期望值后，我们接下来要做的事情是尽全力提升实力，不断超越对方的期望。

我每天都在思考，如何更好地服务学员和客户，给他们额外的惊喜。就像《极简工作法则》这本书里提到的，"承诺留余地，完成超预期"。

在两个人的社交关系里，不管是亲密关系还是工作关系，他人永远是不可控的。只要我们能够不断提升自我实力，降低对他人的社交预期，彼此的社交合作就会越来越顺遂心意。

大事不过度承诺，小事别随口答应

积累自己的社交信用分。

——牛文

　　爱情里忌讳过度承诺，社交里也忌讳过度承诺。然而，过度承诺成为我们在社交里最容易忽略的事，也是最容易犯的错。

　　过度承诺或者随口答应很容易成为未来的社交隐患。如果一个人小事都做不好，别人自然很难把重要的事情交给他，长久下来就会影响他的社交信用分。而社交信用分，指的就是我们在社交关系中通过交往的细节积累的他人对我们的信任。

那么，社交信用分是如何帮助我们在社交中起到关键作用的呢？我讲一个企业家的故事。

在 1998 年的经济危机中，知名企业家史玉柱的公司因为资金链断裂而破产。史玉柱背负债务，回到江苏重新创业。几年后，他依靠脑白金的热销重整旗鼓，赚到钱的第一件事不是疯狂消费，而是刊登广告，寻找当年的债主。

在吴晓波的一本散文集中，他的原话是这样说的："尽管史先生的营销手法让很多人颇为厌恶和不齿，但是就商业运营而言，他确乎是一个信用不错的人。"

一个信用不错的人，哪怕是失败，也会有人相信他，愿意给他支持，从而帮助他东山再起。社交信用分是一个人在社会中巨大的隐形财富。

只有积累社交信用分，我们才能走得更顺、更稳重。我想分享三个积累社交信用分的方法。

第一个方法是，合理评估自己的能力。

过度承诺的背后有两种情况，一种是我们对于能力的过高预期或者不合理判断，另一种是不好的习惯。

对于前者，我们要清楚地知道自己的能力边界在哪里。对于后者，很多时候是我们在生活中不经意的口头禅。只要稍加注意，我们就可以避免。

第二个方法是，永远比能做到的成绩少说 10 分。

在合理评估能力之后，我们不妨思考一下，对于答应别人做的事情可以做到多少分？

对于新野派的服务，我打 70 分，但是对外说的时候，我要求团队说 60 分，留出的 10 分是给别人的惊喜和期待。

第三个方法是，列出承诺清单。

我们不妨回忆一下曾经答应别人哪些事情。我列出了自己的一份承诺清单。

在这份清单上，有不经意间答应过朋友的细碎事情，有给父母承诺的一些礼物。有些是可以做到的，有些是夸大承诺的。我整理了一整天，一一处理并回复。

有些朋友丝毫不在意，有些朋友有点吃惊。这份承诺清单，提醒我在日常的为人处世里，更要注意这些被忽略的细节。

　　每个人的信用分都是一点一滴积累起来的。这些信用分帮助我们在人生关键时刻有朋友的陪伴和支持。

　　愿我们都可以在为人处世中成为一个言而有信的人，让"靠谱"成为必备的特质，让高质量人脉源源不断地涌来。

为别人的时间买单

拼命提升时间价值。

——牛文

　　我花过最值得的一笔钱，是我购买了一位老师一个小时的聊天时间。

　　2015 年末，我刚刚从国外回来，事业进入混沌状态，各方面都不顺利。我在网上购买了一位老师的咨询服务。这位老师 18 岁自立，30 岁创业，34 岁将公司卖给全球最大的传播集团，35 岁二次创业，36 岁重回校园，在加拿大一边读博士一边陪伴女儿。

　　遇到她的那一年，我刚刚 25 岁，她比我年长十来岁。我们相约在上海市中心的咖啡店，我急匆匆地推门进去，看见她温婉地坐在咖啡店里，心定了一大半。在咖啡店里，她拿着纸和笔，系统地帮我梳理现状，像镜子一样照射出了我内心的想法。在我人生混沌的 25 岁，她用了一个小时帮助我直面未来。

这段经历让我印象深刻，这也是我首次为别人的时间买单。看似我只是花钱买了别人的时间，但实际上，我买到的是珍贵的前辈建议。

我们在成长过程中会遇到很多困惑，想要高速成长，其中一个办法就是为别人的时间买单，也就是对别人能力的认可和对别人时间价值的尊重。我们买的不仅仅是时间，还有可能是一个自己无法解决的问题，也可能是一个需要花费大量时间才能搞定的流程，甚至是一个无法言说的困惑。

通过购买不同顾问的时间，我们可以高效且个性化地解决我们遇到的问题，这更是一种简单直接和人打交道的方式。

那么，我们什么时候适合购买别人的时间？

一是买知识的时候。

"知识付费"是近几年很流行的一个词语。大家把在线上购买课程的行为叫作知识付费。而在我看来，课程是最划算的购买别人时间的方式。

在线上，好的课程通常凝聚了老师的实战经验和理论知识。打磨一门课程需要花费 6～12 个月的时间，课程的录制流程包括整理资料、梳理框架、填充内容、设计上架。在这个过程中，老师花费了大量的时间准备完整、系统的课程。

对于我们来说，这样的课程就是在用最低价格换取最全的理论知识，节约了我们收集资料的时间。

二是买经验的时候。

我有一个习惯，那就是将专业的事情交给专业的人做。其实在生活中，我们有很多事情可以通过买别人的时间来减少踩坑的概率。

在出国办签证的时候，我购买过专业的签证咨询。在创业早期，我购买过专业的管理课程。从生活到事业，我都非常喜欢通过购买别人的时间来解决个性化的问题。对我来说，时间很值钱，与其自己摸索踩坑，不如找专家来讲明白。

三是买资源的时候。

在创业圈子里，人们的时间都很宝贵，所以我们有一个不成文的习惯，那就是问别人问题的时候会发红包。我经常看到有不少人为自己的单项服务明码标价。

除了买知识、买经验和买资源之外，我还热衷请各行各业的朋友吃饭，通过吃饭请对方聊聊对行业的见解。这也是一种为别人时间买单的习惯。

时间、知识、经验都是虚拟物品，但也正是这些虚拟物品暗含着不可衡量的巨大价值。花钱购买别人的时间，让人和人之间的关系变得更加客观。闺蜜不敢说的话，心理咨询师会告诉你；朋友不好意思戳穿的真相，行业前辈会告诉你。对于很多事情，付费是一条简单的路线。

那么，我们又该如何正确地为别人的时间买单呢？

第一点是我们要让自己的时间更值钱。我之前跟大家分享过如何评估自己的时间，你会发现，当你的时间值钱的时候，你更愿意花钱购买别人的时间。我在刚毕业的时候认识了一位企业家，她请了一位助理来帮她打理日常各项琐碎的事情，那时候我不了解为什么这些事情明明可以自己做，却要找别人。现在我才明白，当她可以去做更多有价值的事情的时候，这些琐碎的事情可能通过买别人的时间去分担。这才是最高效的工作方式。

第二点是让别人的时间为我们创造更大的价值。我有个朋友想买房，他在萌发这个想法之后做的第一件事就是找到了房产行业里的专业顾问，花钱让对方给他做了一份私人定制方案，并且面对面地跟他聊市场情况。短短一下午，他就厘清了思路。因为专业的人对所有细节都一清二楚，所以他再也不用花力气去思考了。这也帮他避免了很多未知的风险。

我相信，每个人的时间都是有价值的。我们可以通过买别人的时间，让自己产生更大的价值，再让自己的时间更加值钱。

主动出击，跟高手聊天

> 认知升级，不断跟高手过招。
>
> ——牛文

在成长过程中，如果我们能不断拜访高手、找到高手，那么我们的成长一定是飞速的。高手可能是我们想见的人、想合作的伙伴，高手带给我们的是认知的提升、合作的飞跃、成长的跃迁。

2020年，我采访了企业家龙东平。他跟我分享过一个观点：要想提高认知，创始人需要经历三部曲，即亲身经历、高人指路和大量阅读。

龙东平在采访中跟我说，当年他在海南创业，曾经租下豪华套房，想要邀请名人去做客。他在微博上挨个给"大 V"发私信，他遇到过误以为他是推销员而拉黑他的"大 V"，也遇到了心态开放的"大 V"。

他不仅主动在微博找"大 V"合作，还会跋山涉水地去拜访高手。有一次，他在北京出差，碰巧发现自己想拜访的企业家在天津。为了约见这位企业家，龙东平先是骑自行车去地铁站，再从北京坐动车去天津，辗转了好几种交通工具，在晚上十点半到达对方酒店，畅聊到凌晨两点。

每个人的认知都是在固定范围内的，想要不断成长，就需要不断地打破自己，找到行业内外想要拜访的前辈。通过跟他们交流对话，我们可以知道自己的差距所在，也能够从前辈的角度进行思考，从而获得新的成长和感受。

北京大学毕业的蜜芽网 CEO 刘楠公开说过自己拿到 1000 万元融资的故事。

2013 年，她的淘宝店年销售 3000 万元。她想要融资，在得知徐小平喜欢辅导年轻人，且在北京大学工作过后，便决定挨个给北京大学的老师打电话，直到有老师给了她徐小平的手机号为止。她给徐小平发了一条突破性的短信："我毕业于北大，正在开店，一年销售额 3000 万元，现在有人要花钱收购我的店，但我不想卖，您能否指导一下。"

徐小平约见了她，并投资了 1000 万元。这就是她主动出击认识投资人，从而实现目标的故事。

人生的贵人并不会从天而降，除了要有自身实力，还要靠精准沟通和主动出击才能实现。如果没有主动出击，一切都不会开始。

高手不会从天而降，贵人也不会随便成为伯乐。想要遇到贵人，跟高手过招，我们需要具备一定的实力，并且带着明确的目标。当然，对于那些帮助我们更快实现目标的人，我们理应给予应有的回报。

要想跟高手合作，只有我们先强大，成功的概率才会更高。

为了提高认知而寻找高手的前提是有共同话题，而不是单方面的价值索取。比如高手擅长 A，而你擅长 B，你们各有所长，可以各自分享行业里的知识。高手对话，各自碰撞才更有意思。

贵人永远只会锦上添花，而不是雪中送炭。用实力去达成双赢才是关键。

并不是厉害的人都需要拜访，我们要有目标地去寻找适合自己的高手。但不管如何，主动都是非常必要的，因为毕竟所有故事的开端都是从主动出击开始。

在认识高手之前，我们还需要准备一些硬件和软件。

硬件是我们见高手之前的准备工作，也就是准备问题清单。尊重彼此的时间是谈话的基础，所以在见任何一个高手之前，我们都需要在脑海中确定这次见面的目标，再带着目标去思考想问的问题以及有什么困惑。这些问题越具体越好。

软件是我们的心态和生活习惯。我们要在心态上做好被拒绝的准备，还要在生活习惯上定时问自己："最近有没有跟厉害的人交流？"我们要养成时不时就去跟高手交流的习惯，享受思维不断碰撞的感觉。

那么，我们去哪里认识高手？

认识高手的路径有很多，我通常用三个方法。

　　第一个方法是付费上课。每一次学习，我都认识了大量前辈，在跟他们交流的过程中收获了思维的提升。

　　第二个方法是付费咨询。有一类高手在自己的领域非常专业，并且愿意接受付费咨询，我经常在"在行"App（应用程序）上预约行业前辈来交流。

　　第三个方法是朋友介绍。我听过最棒的一句话是，"当你成为 A 行业的高手，这就意味着你可以跟各行各业的高手打交道"。只要不断前进，我们就可以不断被人看见，也可以不断遇见新的高手。

　　对我个人来说，成长路上遇见的高手也许不跟我们形成合作关系，最重要的是他们能够带给我们新的思维碰撞。

　　有时候，自己困惑的事情，高手几句话的点拨就足以守得云开见月明。

　　提升认知，碰撞思维，打开思路，终有一天，我们也可以成为高手。

高手的社交策略

牢牢记住，每个人都有价值。

——牛文

上一节我们聊到，人生需要主动出击拜访高手、遇见贵人，你可能会说："我只是一个普普通通的上班族，去哪里认识优秀的人呢？"

如果你有这样的困惑，那么本节就是一份人人都适用的"遇见高手的社交策略"。

我先分享一个故事。

我认识一位程序员，他的职业发展非常不顺利，他感到非常迷茫。

某一天，他在微信公众号上看到一位"大 V"发起了一个 30 天写作付费社群，他就立刻付费加入了。加入社群之后，他每天积极学习和写作，并且添加了这位"大 V"的微信。按道理来说，他算是认识优秀的人了吧？但是，加了微信也不等于认识。所以，他并没有跟这位"大 V"寒暄和聊天，而是开始观察对方的朋友圈。

有一次，"大 V"在朋友圈里吐槽，微信公众号里搜索文章不方便，功能不完善。这位程序员注意到后就利用自己会写程序的优势，为这位"大 V"开发了一个小程序。

这个程序就是帮助"大 V"用来解决微信公众号搜索文章不方便的问题的。在研发完后，他就主动联系"大 V"，做了一番自我介绍，并且把这个小程序介绍给了对方。

"大 V"非常吃惊，没想到有人利用业余时间帮助自己解决了问题，对这位程序员刮目相看。

这个时候，程序员已经完成了社交第一步，与"大 V"建立了深度链接。

光是这样的链接还不够，程序员上完写作课程，为了锻炼自己的写作能力，每天都会在文章下面留言，而他的每一次留言又获得了很多点赞。

大家知道，微信公众号下方的留言是按照点赞进行排序的，点赞量越高，排序就越高，程序员屡屡在文章下留言，再次加深了"大V"对他的印象。

在"大V"心里，程序员不仅用心，而且能够坚持，善于解决别人的痛点，更是可以把学习付诸行动。久而久之，这位程序员在"大V"心中已经不再是一位读者，而是一位既有专业能力又有专业素养的朋友了。

后来，"大V"创业，项目里刚好需要一位程序员，就立刻想到了这个人。"大V"主动微信联系程序员，让他跟着自己创业。

从跟着"大V"创业到做项目，程序员得到了"大V"资金和人脉上的极大支持，事业发展得非常好。

我们来思考一下程序员认识"大V"的过程。

第一步，通过"大V"发起的付费社群产生链接。

第二步，添加"大V"好友，观察对方痛点。

第三步，利用自己的专业去帮助别人解决痛点。

第四步，坚持给对方留言，引起对方注意。

最终，他成功地抢占了对方的心智，给自己的事业带来了新的转机。

故事说完了，我想分享最重要的两点。

第一点是重新评估自己的价值。

千万不要觉得自己没有价值，任何一个人都有价值。

社交的本质是价值交换，所谓价值不是我们所拥有的财富、所获得的学历，而是我们的专业、技能、爱好或者身上的亮点。

我们不妨从自己的主业、副业、兴趣爱好思考，不管是在事业还是生活中，只要是比别人做得好的地方，就算我们的价值。

除了找到价值之外，我们要能把价值点匹配给别人，比如声音好听的人可以录制生日祝福语和有声书，方向感很好的人可以给他人指路，喜欢看电视剧的人可以给写文章的人提供素材，很会剪辑短视频的人可以做一个短视频操盘手，很会带孩子的人可以做一个教育博主。只要能为他人解决问题，我们就可以通过这个价值点找到可以匹配价值的人。这些价值点就是我们的社交杠杆。

如果我们想认识的人恰好需要这些价值点，我们就可以主动介绍自己，主动为他人提供建议或服务，这样就可以顺利地与对方认识并产生链接。

所以，要想结交优秀的人，我们不需要很厉害，而需要一双发现自己美好的眼睛。

第二点是让自己拥有坚持的品质。

其实，社交是一件需要坚持的事情，在不打扰对方的前提下坚持给对方留言，一定会多多少少引起对方的关注。在我的一个社群里，有一个女孩每天晚上在社群里分享当天看的书和感受，坚持了365天。就凭这一点，她被大家记住了。

在社交里，坚持是一个非常棒的品质。如果我们真的找不到自己的优点，那就去坚持做一件小事，并且积极展现出来。不管是读书、绘画还是跳舞，只要我们能够让他人看到，坚持的过程越久，我们就越会被人注意到。这也是一个社交中人人都可以参考的小方法。

　　所以，请大胆地出去走走，结交生命中优秀的人，看看别人的生活、正在从事的事业，看到人生更多的可能性。我们的生活会有一番新的模样。

第七章

社交进阶，理想的人际关系

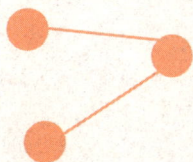

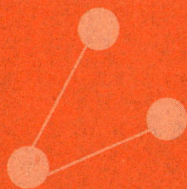

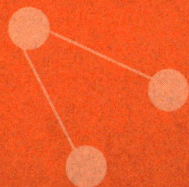

把人际关系变成蜘蛛网

能力强 + 付出多 = 影响力。

——牛文

理想的人际关系应该像一张蜘蛛网，一个人可以连接无数根线，从而成为人脉节点。

"人脉节点"是马尔科姆·格拉德威尔在《引爆点：如何引发流行》一书中提出的概念。

人脉节点通常比一般人在人脉网络中具有更大的影响力。因为拥有许多跨越不同行业、社会和文化圈的大型人脉圈，这类人有着广泛的影响力，比其他人更受欢迎，也更容易做好生意。

前段时间，我去采访李海峰老师。他拥有一个学习型社群，社群在全国各地都有负责人，大家自发地定期举办活动，并且维系全国各地的学员。李海峰老师没有一名全职员工，却拥有最团结的社群团队，这让我非常惊讶。我当时就问他是怎么做到的。

他回答："如果你在社群里成为人脉节点，就可以收获你想要的。"

李海峰老师每年都会在全国线上线下开无数的课程，而每年参加这些课程的都是新学员，学员上完课就会根据地区进入不同的社群。每个地区有一位社群负责人，这位负责人就是一个人脉节点。

比如，某个地区的社群负责人是一家旅游公司的老板，他接触的人越多，认识他的人就越多，这些人就越有可能成为他的潜在客户。所以，他一边帮助李海峰老师运营社群，一边扩大自己的生意。

不止如此，各地区的社群负责人和学员还会在社群中遇到自己将来的老板、工作拍档，甚至有人收获了爱情。这就是人脉节点带来的巨大优势。

社群是一个大的流量入口，接触的人越多，收益就越大。而社群里的人脉节点，就是最有能量、收获最多的那个人。

不过，人脉节点并没有那么好当。成为人脉节点的重要条件是具备专业能力和为人处世能力。

在我看来，专业是最好的社交工具，知识是最佳的人格魅力。人脉节点必须有强大的专业能力，或者有强烈向好的心，能够一边聚集人一边提高自己。

换句话说，为人处世的能力就是能为别人做什么。《影响力》这本书中提到了互惠原则，也就是说，如果别人给了我们好处，我们应当尽量回报。礼尚往来就会形成越来越紧密的关系。

另外，一次咨询、一次帮助、一次关怀都是付出。对于一个社群负责人来说，即使能力再强，如果从来不为大家做事，大家也不会支持他。

如果你仔细观察，就会发现社群负责人在整个社群里，忙前忙后起到了至关重要的作用，是典型的付出者。小到沙龙活动，大到年度峰会，社群负责人都需要负责人张罗。我在本节一开始就说过，李海峰老师没有全职员工，也就是说各地社群负责人是没有工资的。每一次张罗活动，他们都是在用自己的时间、精力付出。社群负责人帮助了其他人，其他人也会想着回馈他。人脉节点就这样在社群中付出和受益。

我们应该努力成为一个人脉节点，体验人际关系带给自己的正向反馈。

抛弃"假想敌"

> 我们这一生唯一的敌人，只有自己。
>
> ——牛文

有些人会给自己设置"假想敌"，总认为有人针对自己，以至于没办法和别人大大方方地交流。

生活里，我们或多或少经历过有"假想敌"或者被别人当成"假想敌"的时候。

"假想敌"不仅存在于朋友之间，也存在于爱人之间。在几年前大热的《上海女子图鉴》这部电视剧里，罗海燕和陈晓伟是一对恋人，他们从学校毕业后一起应聘上海顶级的广告公司。两个人最终进入面试环节，有一道题目是互相打分，结果罗海燕给陈晓伟打了满分，陈晓伟却只给罗海燕打了6分。

在陈晓伟的心里，他觉得女朋友是他的敌人，好的工作应该优先给自己。这个片段的结果是陈晓伟惨遭淘汰，罗海燕则进入了这家公司。当时录取罗海燕的上司告诉她：能从不同人身上看到优点，才是优秀职场人的素质。

"假想敌"之所以存在，是因为竞争带来的不安全感。人们想通过敌对的状态来获得心理上的安心，为自己现实里的无能为力找到一个情绪上的出口。

如果怀揣着"他人是敌人"的心态，我们就没办法真的专注于自身成长，更有可能失去自己人生的挚友，失去和好的对手交流学习的机会。

那么，什么是"真正的敌人"？

如果说我们社交的目标是成为更好的人，那么跟任何人打交道都是我们自己做出的决定，也属于外界环境的变量。

接触任何人，进入任何圈子，都不应该成为我们变好或者变坏的核心。真正阻碍我们变好的，是我们自己。

对我们来说，真正的敌人是自己。我认为，在人和人的相处过程中，要把跟别人竞争的心态，转变为跟自己竞争的态度。

创办野新派这个品牌之后，总有人跟我说："某某某做的事情跟你很像，很有可能是你的竞争对手哦。"

我如何看待他人眼中我的"假想敌"呢？我的观点保持不变，真正的敌人只有自己。野新派是一个女性社群，我是一个以励志为标签的女性自媒体人。每当有人跟我分享其他人创办的女性社群，我都会认真分析和研究，多去观察和学习别人有哪些值得学习的地方。

我还会花钱加入别人的社群，看看别人有什么可取之处，然后回来与团队分享。在深入观察和了解之后，我还有几点感悟。

第一点是看似热闹的事情也许只是表象。我们每天都会在朋友圈里看到很多人发的好消息，但我们一定要明白，大多数人只对外发布好消息。但在每一份好消息的背后，真假未知，付出的艰辛也是未知的。

第二点是永远别恨敌人，那会影响判断力。这句话来源于《教父》这部电影，真的敌人会影响判断力，更何况是"假想敌"呢？

在和他人接触的过程中，我们可以树立一个小目标，让远方闪耀的人激励自己前行。

在成长的过程中，人和人的接触是无价的。通过和别人的碰撞交流，我们能够看到更宽广的世界，拥有多元化的机会。

在社交的过程中，我们最需要深度了解自己，有自己的节奏，而不是被"假想敌"迷糊了自己的成长步伐，更不要被"假想敌"搅乱自己与其他人的连接。

多去拥抱自己看不懂的人和事，多去夸赞而不是否定，尽量客观而不是带着情绪。让人生少点"假想敌"，多一些真朋友。

交友四原则

选择对的人，包容不同价值观，少
计较小得失，保持界限感。

——牛文

关于朋友之间的相处，每个人都有自己的原则。我有四
条交友原则。

原则一：选择没有好坏，只有适合不适合

我分享过这样一个观点：女人之间最美好的关系是一起
探讨事业、提升能力、直面人生、讨论赚钱。

有人反对这个观点，说这样的关系是资本社交圈的关系。

关于朋友之间的相处，根据人生阶段和想法的不同，每

个人的标准也是不一样的。在我看来，选择没有好坏，只有适合不适合。

因为我觉得友谊最好的关系是探讨事业，所以我的朋友大多是事业型女孩。一方面，基于现阶段的情况，像我这样从安徽来到上海，并且已婚未育的女性来说，没有亲戚在身边，也没有太多家务缠身，日常主要时间就是工作，聊的内容自然也是工作；另一方面，基于我的价值判断，每个人的价值感来源都不一样，我的价值感来源于我所做的事情以及事业中的打拼，我很希望通过自身的强大去影响更多女性，活出不设限的人生。

单纯唠家常、聊八卦是一种选择，彼此帮助对方直面人生、提高竞争力也是一种选择。

交朋友的第一原则正是选择彼此适合的朋友和圈子。我们需要明确现阶段的目标，根据自己的情况选择朋友。彼此携手乘风破浪还是朝九晚五拉手回家，这些事情没有标准，唯一的选择权在我们自己手里，适合自己最重要。

原则二：不必追求与他人三观完全一致，和而不同才最有趣

想要让所有的价值观都相同，这几乎是不可能的事情。

对于朋友之间的交往，我的第二原则是"君子和而不同"。这句话出自《论语》，意思是，君子在人际交往中能够与他人保持一种和谐友善的关系，但在对具体问题的看法上不必苟同于对方。

对我来说，包容朋友多样化的价值观是很重要的一条。在很多年前大热的美剧《欲望都市》里，专栏作家凯莉一直沉浸在"渣男"的世界里分分合合，画廊主夏洛特只想结婚生子，纽约公关经理萨曼萨游走在多个男人之间，一直醉心于工作的米兰达却结婚生了孩子。

虽然四个女人拥有四种不同的生活方式和婚姻观，这却一点都不妨碍她们成为闺中密友。朋友是如此，工作事业伙伴更是如此。

朋友是陪我们走路的那个人，合作伙伴是跟我们一起互

相实现价值的人，我们不必太追求一致的价值观。连双胞胎的个性都不尽相同，我们如果要求大家都跟自己一样，就会失去很多合作机会。

所以，多元化才最有趣。

原则三：放到人生长河里，不计较眼前的小事

在人和人的相处过程中，并不是每一个人都愿意坦诚地讲述内心的真实想法，所以这里永远会充斥着矛盾和冲突。

我经历过人际关系带给我的甜蜜，也经历过沮丧。后来，我发现一个小方法：但凡发生任何矛盾，我都会问问自己十年后是否还在意，如果不在意，当下就尽量大事化小、小事化了，让矛盾和冲突减弱。

在当下的交往中，很多问题源于情绪。每当产生矛盾时，我们都需要冷静处理，不让自己一时的愤怒说出错误的话和做出错误的决定，这样才能够最大限度地与朋友走更长的旅程。

原则四：保持界限感

朋友之间最好的距离并不是亲密无间，而是保持界限感。

大学刚毕业的时候，我的一位闺蜜曾经因为跟老公吵架跑来找我。我听闻朋友被欺负，非常生气，不分青红皂白便打电话将她老公一顿斥责。结果最后两人和好，我夹在中间非常尴尬。从那以后我明白，朋友之间再怎么亲密无间，我也不能插手别人的生活与决定。

成年人的关系是各自独立的，我们要为自己的人生负责，为自己的人生选择做决定，不要干涉别人的生活，更不要替别人做决定。人和人就像是独立的圆圈，有交集不合并，这才是最好的关系。

我们一生中会遇到无数的人，有些人成为朋友，阶段性陪我们走过人生一段旅程；有些人成为合作伙伴，帮助我们的事业做大做强。任何关系都没有固定的角色，只有流动的状态。

关系也许复杂，但我依然尽可能地想让每个出现在我生命里的人都有一段不错的回忆，点亮彼此走过的这段光阴。

愿交友四原则能给大家带来一些启发，让我们成为通过文字照亮彼此的朋友。

用真诚面对一切

诚实沟通不是一种品格，而是一种
最有效的策略。

——牛文

柴静在《看见》这本书里提到过一句话："真实自有万钧之力。"柴静以一个媒体人的视角记录了自己记者生涯里印象深刻的一些人，这本书没有庞大恢宏的描述，也没有惊天动地的事件，但足以让人感受到她的力量。

真诚地面对这个世界和自己内心，不仅是一种力量，更是与世界和平相处的最佳方式。

真诚分享自己的故事

真诚分享故事是一个能够让社交从被动变主动的方法。分享自己的故事，是对自己人生的正面审视。

我写过很多跟自己相关的故事。

我经历过高峰时的得意，也经历过破产后的沮丧。在拿起笔写下经历的时候，我发现分享故事的本身已经变成一种力量。我把这些故事分享到网上，也吸引了很多跟我有同样经历的朋友。

如果说输出价值观建立了陌生人对我的信任，那么真诚分享自己的故事，则让更多陌生人成为我的朋友。而正是来自天南海北的朋友，在我事业发展的道路上，给予我无限的支持与善意。

在分享故事的这些年，常有人告诉我，他们因为看了我的故事而有所启发，也在不断自我探索，以开放的心态拥抱世界。真诚分享自己的经历是我事业的起点，这些故事汇聚成力量，让天南海北跟我有着一样经历和价值观的朋友聚焦在一起。

真诚是有原则的

真诚是掏心掏肺什么都说吗？不，真诚是有原则的，真诚并不等于什么都说，把握这个度很重要。真诚建立在两个原则之上。

第一个原则是记住目标。

人和人的沟通都是有目标的，在真诚沟通的基础上不要忘记目标。

我之前看小马宋的微信公众号，他提到了自己做生意过程中的一个小故事。小马宋是一家品牌营销公司的老板。有一次，他服务元气森林这家公司，客户希望小马宋带着设计师一起去公司办公室工作，并且一起把设计定下来。但是，当时他的公司并没有专门的设计师，此前都是跟外部的设计团队和设计师合作。

对于一家品牌营销的服务型公司，没有设计师，客户一定会失望，但他选择实话实说，告诉客户自己目前没有全职设计师。

他为此写了篇文章，告诉大家"诚实沟通不是一种品格，而是一种最有效的策略"。

小马宋知道真诚交流并不会减弱自己的实力。在与合作伙伴的交流过程中，最重要的是真诚沟通，从而达到自己期望的目标。

在野新派创立初期，团队里的人也不多，在对待客户的时候，我选择真诚交流，有一说一。在野新派的一次线下沙龙活动上，有一位基金公司副总告诉我，他因为我的真诚才选择了野新派的课程。对于刚刚建立品牌的我来说，这也是一种正向激励。

别担心自己的不足，真诚面对他人，也许能够更好地实现自己想要的目标。

第二个原则是看场合。

我跟朋友沟通有一个大前提，就是根据对方的心情有选择地说话。

我会先判断朋友当下的心情到底说什么更合适，再去真诚沟通。比如，在爱情里沉迷的女人，大多数时候是听不进去真话的，真诚沟通在对方眼里有可能是在搅乱爱情。

不管是面对商业伙伴还是闺中密友，真诚沟通的前提都是看目标和看场合，这样人和人才会顺畅、平和。

真诚面对内心

人和人之间的交往，说到底都是取决于自己。

在人和人的关系里，有一万种可能性。我们有可能不喜欢一个人的价值观，但是为了工作必须硬着头皮相处；我们也有可能很喜欢一个人，但是他的工作能力不足，作为领导不得不开除他。

任何关系都没有对错，只有是否适合，核心是我们能否真诚地面对内心。

在创业的过程中，我逐渐明白，要当一个好领导，而不是一个好人。好领导要为公司负责，为团队负责，不能单纯以个人喜好来判断为人处世的标准。如果我们喜欢一个人，但是他不符合合作标准，我们也不必与其合作。如果我们不喜欢一个人，但是他对公司有利，我们也可以拥抱对方。

我们需要知道自己当下应该做什么，第一优先级是什么，以及价值判断的标准是什么。我们绝不逃避任何人际关系带来的困惑，而是勇敢地面对它们。只有真诚面对自己的内心，才能合理平衡好与周围的关系。

只要当下的选择合情合理，这就是我们人际关系里的最佳方案。

参考文献

[1] 苏珊·凯恩.内向性格的竞争力[M].高洁，译.北京：中信出版社，2016.

[2] 乔丹·彼得森.人生十二法则[M].史秀雄，译.杭州：浙江人民出版社，2019.

[3] 庄日新.冯仑：我的风马牛哲学[M].杭州：浙江工商大学出版社，2015.

[4] 罗伯特·西奥迪尼.影响力[M].闾佳，译.北京：北京联合出版公司，2021.

[5] 瓦妮莎·范·爱德华兹.吸引：与人成功交流的科学[M].李佳蔚，译.长沙：湖南文艺出版社，2018.

[6]　古斯塔夫·勒庞.乌合之众[M].冯克利，译.北京：中央编译出版社，
　　　2019.

[7]　理查德·泰普勒.极简工作法则[M].姚小菡，译.北京：人民邮电
　　　出版社，2017.

[8]　马尔科姆·格拉德威尔.引爆点：如何引发流行[M].钱清，覃爱冬，
　　　译.北京：中信出版社，2014.

[9]　柴静.看见[M].桂林：广西师范大学出版社，2021.